MathFlare
2
MATH WORKBOOK
Addition Subtraction
Multiplication
Place Value and Expanded Notations
Geometry
Step by Step Guide and Essential Practice with Answers
MathFlare Publishing

MathFlare
2-3
MATH WORKBOOK
Addition Subtraction
Multiplication and Division
Place Value and Expanded Notations
Geometry
Step by Step Guide and Essential Practice with Answers
MathFlare Publishing

MathFlare
3
MATH WORKBOOK
Multiplication and Division
Decimals
Place Value and Expanded Notations
Step by Step Guide and Essential Practice with Answers
MathFlare Publishing

AF176820

MathFlare
1
MATH WORKBOOK
Counting and Numbers
Addition and Subtraction
Place Value and Expanded Notations
Understanding Time
Step by Step Guide and Essential Practice with Answers
MathFlare Publishing

MathFlare
1-2
MATH WORKBOOK
Counting and Numbers
Addition and Subtraction
Place Value and Expanded Notations
Understanding Time
Step by Step Guide and Essential Practice with Answers
MathFlare Publishing

MathFlare
3-4
MATH WORKBOOK
Addition Subtraction
Multiplication Division
Place Value and Expanded Notations
Fractions and Geometry
Step by Step Guide and Essential Practice with Answers
MathFlare Publishing

MathFlare
4
MATH WORKBOOK
Addition Subtraction
Multiplication Division
Place Value and Expanded Notations
Fractions and Geometry
Step by Step Guide and Essential Practice with Answers
MathFlare Publishing

MathFlare
4-5
MATH WORKBOOK
Multiplication Division
Place Value and Expanded Notations
Fractions and Geometry
Unit Conversion
Step by Step Guide and Essential Practice with Answers
MathFlare Publishing

MathFlare
5
MATH WORKBOOK
Step by Step Guide and Essential Practice with Answers
Multiplication Division
Place Value and Expanded Notations
Fractions and Geometry
Unit Conversion
MathFlare Publishing

MathFlare
5-6
MATH WORKBOOK
Step by Step Guide and Essential Practice with Answers
Multiplication Division
Place Value and Expanded Notations
Fractions and Geometry
Units and Statistics
MathFlare Publishing

MathFlare
6
MATH WORKBOOK
Step by Step Guide and Essential Practice with Answers
Integers and Statistics
Arithmetic and Pre-Algebra
Fractions and Geometry
Ratio and Percentage
MathFlare Publishing

MathFlare
6-7
MATH WORKBOOK
Step by Step Guide and Essential Practice with Answers
Arithmetic and Pre-Algebra
Ratio, Percent Proportion
Geometry
Statistics
MathFlare Publishing

MathFlare
7
MATH WORKBOOK
Step by Step Guide and Essential Practice with Answers
Pre-Algebra
Ratio, Percent Proportion
Geometry
Statistics
MathFlare Publishing

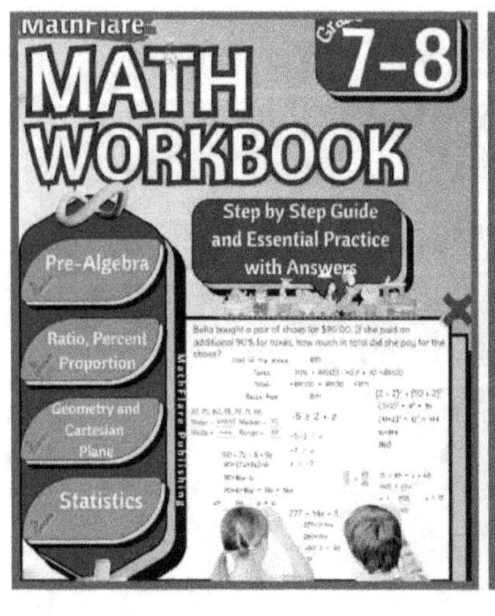
MathFlare
7-8
MATH WORKBOOK
Step by Step Guide and Essential Practice with Answers
Pre-Algebra
Ratio, Percent Proportion
Geometry and Cartesian Plane
Statistics
MathFlare Publishing

MathFlare
8-9
MATH WORKBOOK
Step by Step Guide and Essential Practice with Answers
Pre-Algebra
Ratio, Proportion and Percentage
Linear Equations
Geometry and Cartesian Plane
MathFlare Publishing

MathFlare
8
MATH WORKBOOK
Step by Step Guide and Essential Practice with Answers
Pre-Algebra
Percentage
Linear Equations
Geometry
MathFlare Publishing

Multiplication and Division

Multiplication

Multiplication is an easy way of adding numbers together quickly. Instead of adding the same number repeatedly, we use multiplication to find the total much faster.

For instance, rather than adding 2 + 2 + 2 + 2 + 2, we can multiply 2 by 5 to get the same result: 2 x 5 = 10.

Here, the first number (2) is called the multiplicand, second number (5) is the multiplier. The answer we get, in this case, 10, is called the product.

Let's think of multiplication as repeated addition.

Take 2 x 5, for example. It means adding 2 together five times, which we can illustrate as: 2 + 2 + 2 + 2 + 2 = 10

Multiplication can also be visualized as groups of objects. Imagine we have 2 groups, each containing 5 oranges.

To find the total number of oranges, we multiply the number of groups (2) by the number of oranges in each group (5):

2 groups of 5 oranges = 10 oranges

Expressed as multiplication: 2 x 5 = 10

In summary, multiplication offers various ways to approach it: through repeated addition or by envisioning groups of objects. It's a powerful tool that makes solving math problems much quicker and more efficient!

We can also use the following table to quickly remember multiplication facts. The intersection of two points shows the product of two numbers.

For instance, the product of 5 x 6 = 30, or 6 x 5 = 30.

	1	2	3	4	5	6	7	8	9	10
1	1	2	3	4	5	6	7	8	9	10
2	2	4	6	8	10	12	14	16	18	20
3	3	6	9	12	15	18	21	24	27	30
4	4	8	12	16	20	24	28	32	36	40
5	5	10	15	20	25	30	35	40	45	50
6	6	12	18	24	30	36	42	48	54	60
7	7	14	21	28	35	42	49	56	63	70
8	8	16	24	32	40	48	56	64	72	80
9	9	18	27	36	45	54	63	72	81	90
10	10	20	30	40	50	60	70	80	90	100

Let's solve problems from exercises:

$$
\begin{array}{r}
11 \\
\times\ 4 \\
\hline
44
\end{array}
\qquad
\begin{array}{r}
20 \\
\times\ 4 \\
\hline
80
\end{array}
$$

Commutative Property of Multiplication

The commutative property of multiplication is a special rule in math that tells us the order of the numbers being multiplied doesn't affect the result.

For instance, let's take 2 x 5. If we switch the order of the numbers, multiplying 5 by 2 instead, we'll still end up with the same answer: 2 x 5 = 10, or 5 x 2 = 10.

So, whether we multiply 2 by 5 or 5 by 2, we get 10. That's the commutative property of multiplication in action!

Division

Division is like the opposite of multiplication. It's all about sharing or distributing items equally among a certain number of groups or people.

When we divide one number by another, we're essentially splitting a number into equal parts. We're figuring out how many groups of a certain size can be made from that number.

For instance, let's divide 20 by 4.

When we divide 20 by 4, we're essentially asking, "How many groups of size 4 can we make from 20?"

Now, there are several parts or terms involved in the division process:

- **Dividend:** This is the number being divided, which in this case, is 20.

- **Divisor:** This is the number we're dividing by, which is 4.

- **Quotient:** This is the answer we get after dividing. It tells us how many groups of divisors can be made from the dividend. In this case, the answer is 5.

So, when we divide 20 by 4, we found out that 5 groups of 4 can be made from 20.

Let's solve problems from exercises:

$$3 \overline{)24} = 8$$

$$-24$$

$$0$$

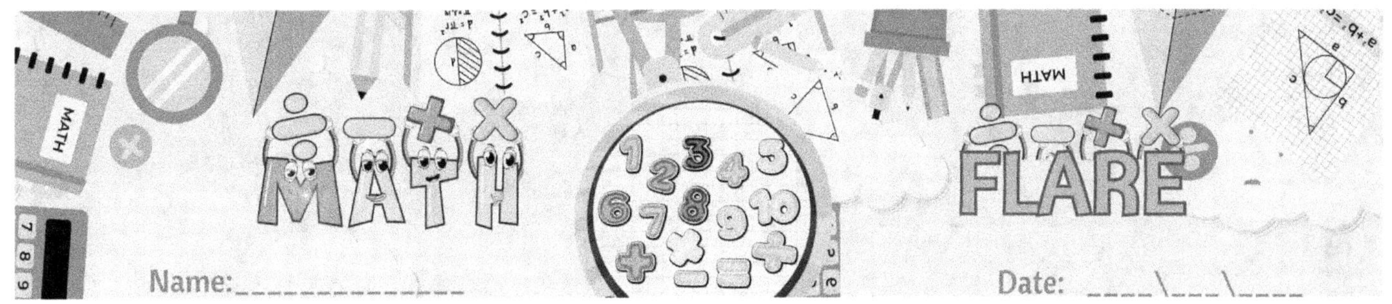

Name:________________   Date: _______________

Basic Multiplication
Find the product.

1. 5
    × 5

2. 4
    × 8

3. 4
    × 5

4. 10
    × 8

5. 8
    × 3

6. 9
    × 8

7. 7
    × 2

8. 10
    × 7

9. 8
    × 8

10. 10
     × 10

11. 2
     × 10

12. 7
     × 6

13. 10
     × 6

14. 9
     × 7

15. 6
     × 3

16. 4
     × 2

17. 3
     × 7

18. 6
     × 6

19. 7
     × 9

20. 5
     × 3

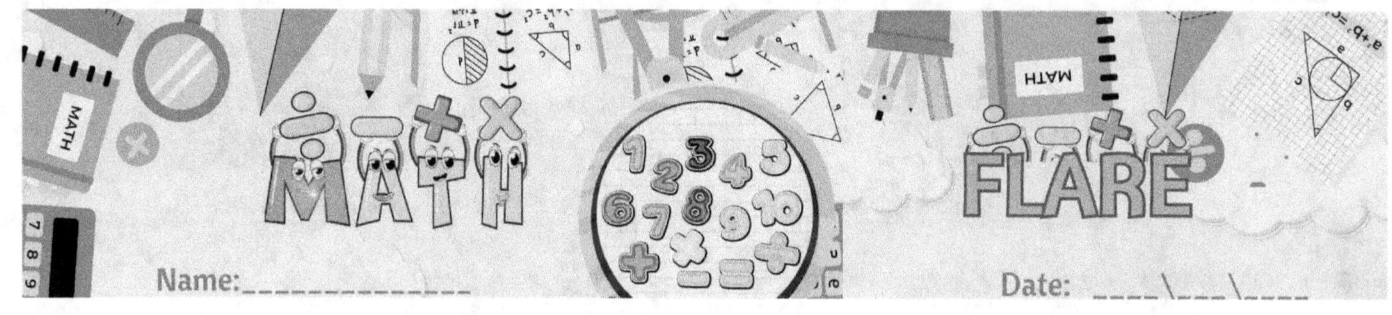

21. 7 × 8	22. 2 × 5	23. 5 × 2	24. 8 × 5
25. 4 × 6	26. 8 × 7	27. 5 × 4	28. 6 × 10
29. 6 × 5	30. 2 × 2	31. 6 × 9	32. 3 × 8
33. 5 × 6	34. 2 × 8	35. 8 × 2	36. 8 × 9
37. 4 × 7	38. 4 × 9	39. 1 × 2	40. 10 × 4

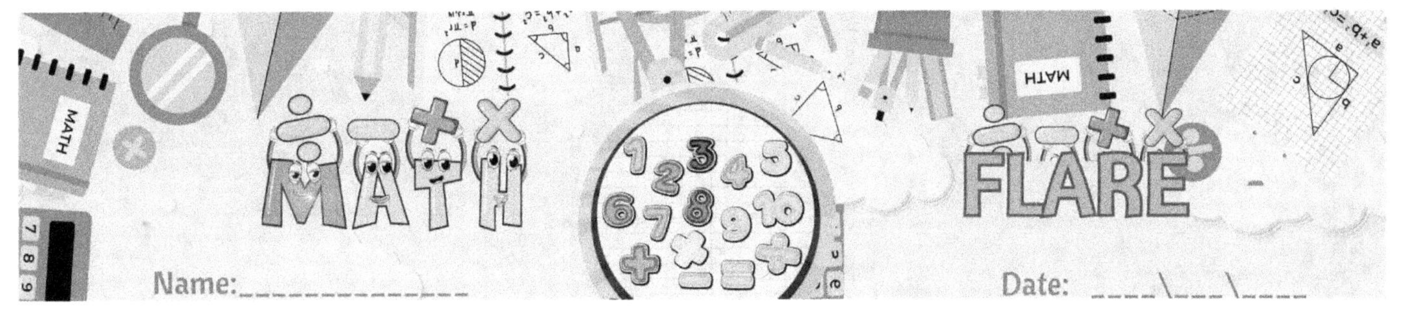

41. 9 × 5	42. 7 × 4	43. 6 × 8	44. 5 × 7
45. 2 × 3	46. 3 × 10	47. 4 × 3	48. 7 × 7
49. 6 × 2	50. 8 × 10	51. 5 × 9	52. 3 × 3
53. 9 × 3	54. 4 × 10	55. 9 × 1	56. 4 × 1
57. 6 × 1	58. 10 × 2	59. 7 × 10	60. 9 × 9

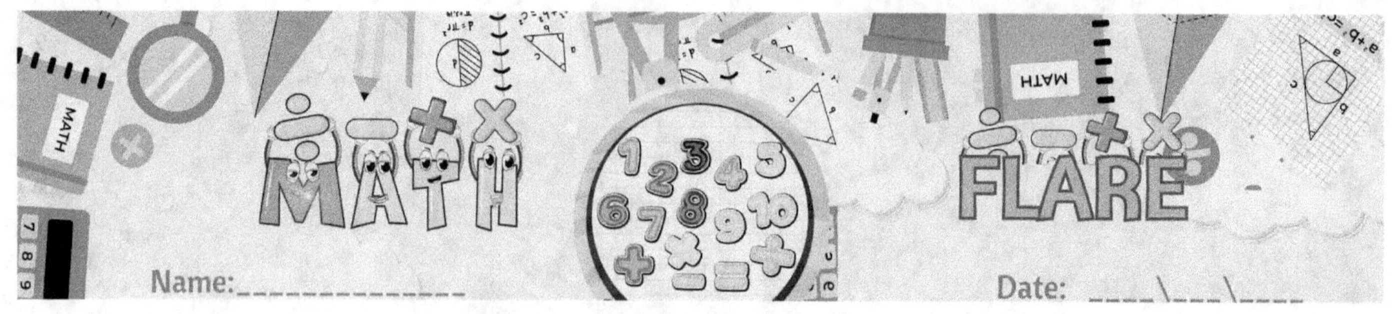

61. $\begin{array}{r} 7 \\ \times\ 3 \\ \hline \end{array}$	62. $\begin{array}{r} 6 \\ \times\ 7 \\ \hline \end{array}$	63. $\begin{array}{r} 2 \\ \times\ 7 \\ \hline \end{array}$	64. $\begin{array}{r} 3 \\ \times\ 6 \\ \hline \end{array}$
65. $\begin{array}{r} 8 \\ \times\ 4 \\ \hline \end{array}$	66. $\begin{array}{r} 2 \\ \times\ 4 \\ \hline \end{array}$	67. $\begin{array}{r} 3 \\ \times\ 1 \\ \hline \end{array}$	68. $\begin{array}{r} 8 \\ \times\ 1 \\ \hline \end{array}$
69. $\begin{array}{r} 7 \\ \times\ 5 \\ \hline \end{array}$	70. $\begin{array}{r} 2 \\ \times\ 1 \\ \hline \end{array}$	71. $\begin{array}{r} 9 \\ \times\ 6 \\ \hline \end{array}$	72. $\begin{array}{r} 3 \\ \times\ 5 \\ \hline \end{array}$
73. $\begin{array}{r} 10 \\ \times\ 9 \\ \hline \end{array}$	74. $\begin{array}{r} 5 \\ \times\ 10 \\ \hline \end{array}$	75. $\begin{array}{r} 3 \\ \times\ 9 \\ \hline \end{array}$	76. $\begin{array}{r} 2 \\ \times\ 6 \\ \hline \end{array}$
77. $\begin{array}{r} 1 \\ \times\ 7 \\ \hline \end{array}$	78. $\begin{array}{r} 10 \\ \times\ 5 \\ \hline \end{array}$	79. $\begin{array}{r} 9 \\ \times\ 2 \\ \hline \end{array}$	80. $\begin{array}{r} 1 \\ \times\ 8 \\ \hline \end{array}$

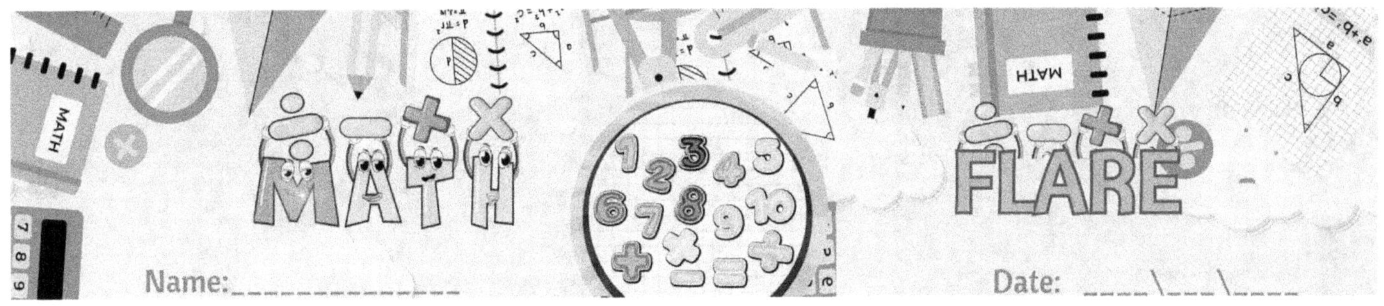

81. 5 × 1	82. 9 × 4	83. 6 × 4	84. 4 × 4
85. 1 × 3	86. 1 × 6	87. 7 × 1	88. 1 × 10
89. 3 × 4	90. 8 × 6	91. 3 × 2	92. 9 × 10
93. 1 × 1	94. 10 × 3	95. 2 × 9	96. 10 × 1
97. 5 × 8	98. 1 × 4	99. 1 × 5	100. 1 × 9

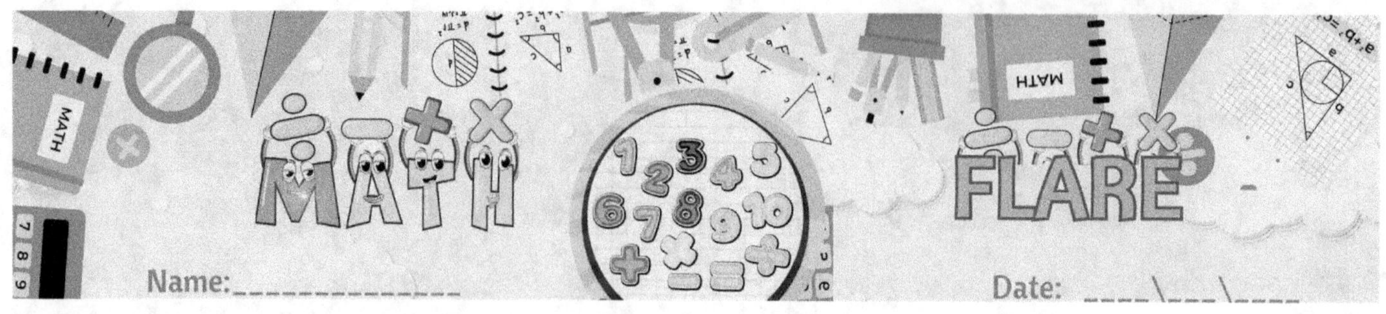

Multiplication: 2 x 1

Find the product.

1. 96 × 1	2. 30 × 3	3. 23 × 2	4. 11 × 1
5. 12 × 3	6. 31 × 3	7. 22 × 4	8. 74 × 1
9. 10 × 3	10. 43 × 2	11. 21 × 4	12. 19 × 1
13. 12 × 2	14. 11 × 4	15. 23 × 3	16. 33 × 2
17. 13 × 2	18. 24 × 2	19. 11 × 5	20. 20 × 4

21. $\begin{array}{r} 12 \\ \times\ 4 \\ \hline \end{array}$	22. $\begin{array}{r} 11 \\ \times\ 3 \\ \hline \end{array}$	23. $\begin{array}{r} 21 \\ \times\ 3 \\ \hline \end{array}$	24. $\begin{array}{r} 42 \\ \times\ 2 \\ \hline \end{array}$
25. $\begin{array}{r} 22 \\ \times\ 3 \\ \hline \end{array}$	26. $\begin{array}{r} 17 \\ \times\ 1 \\ \hline \end{array}$	27. $\begin{array}{r} 20 \\ \times\ 3 \\ \hline \end{array}$	28. $\begin{array}{r} 11 \\ \times\ 2 \\ \hline \end{array}$
29. $\begin{array}{r} 31 \\ \times\ 1 \\ \hline \end{array}$	30. $\begin{array}{r} 20 \\ \times\ 2 \\ \hline \end{array}$	31. $\begin{array}{r} 40 \\ \times\ 2 \\ \hline \end{array}$	32. $\begin{array}{r} 22 \\ \times\ 2 \\ \hline \end{array}$
33. $\begin{array}{r} 67 \\ \times\ 1 \\ \hline \end{array}$	34. $\begin{array}{r} 13 \\ \times\ 3 \\ \hline \end{array}$	35. $\begin{array}{r} 14 \\ \times\ 2 \\ \hline \end{array}$	36. $\begin{array}{r} 21 \\ \times\ 2 \\ \hline \end{array}$
37. $\begin{array}{r} 59 \\ \times\ 1 \\ \hline \end{array}$	38. $\begin{array}{r} 31 \\ \times\ 2 \\ \hline \end{array}$	39. $\begin{array}{r} 32 \\ \times\ 3 \\ \hline \end{array}$	40. $\begin{array}{r} 34 \\ \times\ 2 \\ \hline \end{array}$

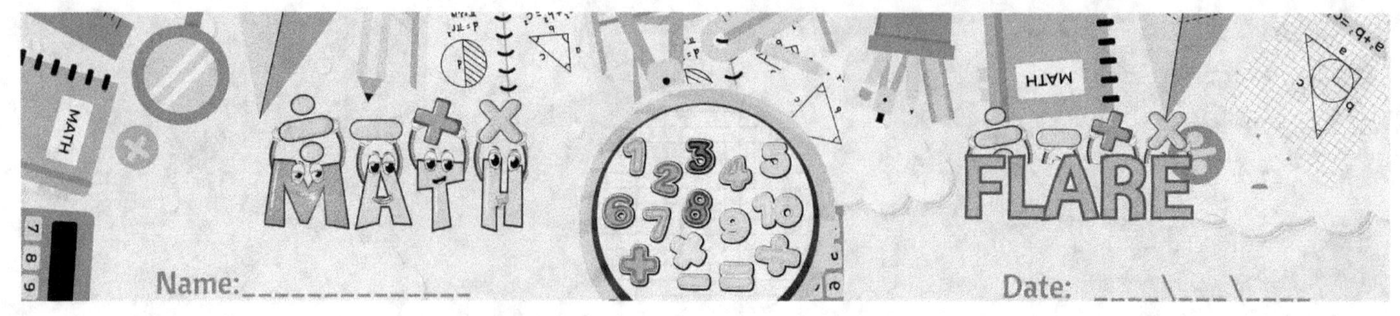

41. 10 × 1	42. 18 × 1	43. 10 × 4	44. 97 × 1
45. 39 × 1	46. 29 × 1	47. 33 × 3	48. 32 × 2
49. 10 × 2	50. 10 × 5	51. 30 × 2	52. 44 × 1
53. 41 × 2	54. 93 × 1	55. 44 × 2	56. 92 × 1
57. 52 × 1	58. 49 × 1	59. 58 × 1	60. 62 × 1

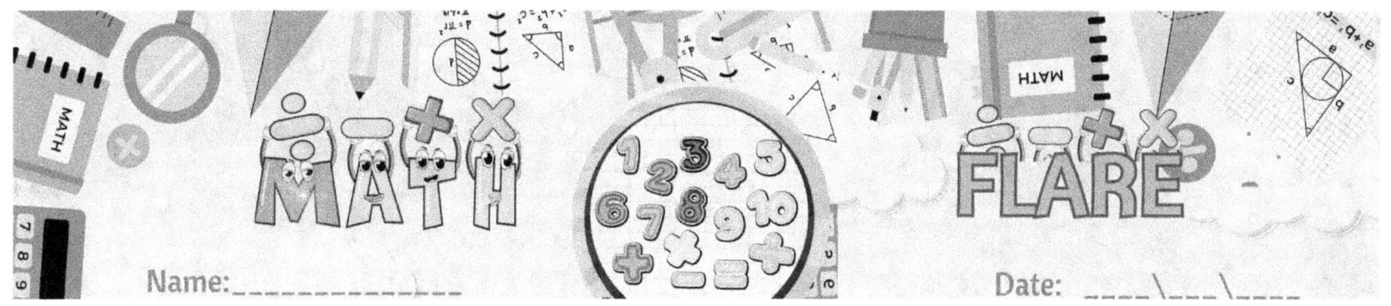

61. 73 × 1	62. 70 × 1	63. 88 × 1	64. 47 × 1
65. 82 × 1	66. 56 × 1	67. 41 × 1	68. 90 × 1
69. 14 × 1	70. 57 × 1	71. 38 × 1	72. 45 × 1
73. 85 × 1	74. 64 × 1	75. 65 × 1	76. 25 × 1
77. 51 × 1	78. 94 × 1	79. 26 × 1	80. 32 × 1

81.　28 × 1	82.　55 × 1	83.　33 × 1	84.　48 × 1
85.　16 × 1	86.　23 × 1	87.　76 × 1	88.　21 × 1
89.　30 × 1	90.　66 × 1	91.　46 × 1	92.　15 × 1
93.　42 × 1	94.　24 × 1	95.　77 × 1	96.　61 × 1
97.　95 × 1	98.　27 × 1	99.　36 × 1	100.　84 × 1

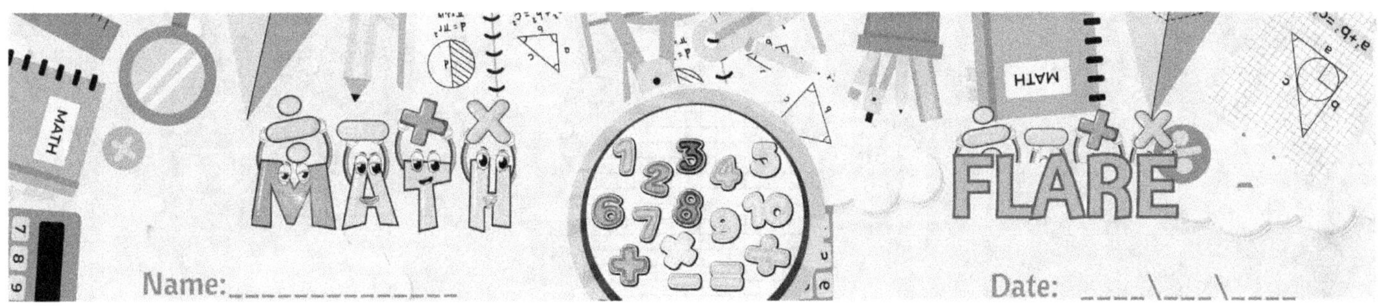

Multiplication: 3 x 1
Find the product.

1. 210×4

2. 112×4

3. 423×2

4. 144×2

5. 312×3

6. 212×4

7. 231×3

8. 440×2

9. 103×2

10. 401×2

11. 133×2

12. 402×2

13. 101×5

14. 100×5

15. 302×3

16. 102×4

17. 736×1

18. 210×3

19. 223×3

20. 301×3

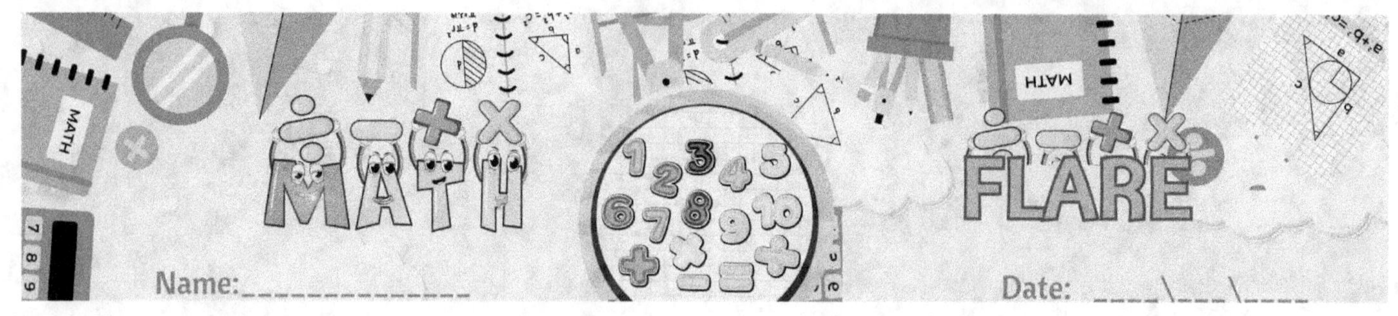

21. 321 × 2	22. 202 × 4	23. 111 × 3	24. 233 × 3
25. 230 × 3	26. 124 × 2	27. 222 × 2	28. 444 × 2
29. 200 × 4	30. 320 × 3	31. 133 × 3	32. 201 × 2
33. 122 × 3	34. 433 × 2	35. 890 × 1	36. 310 × 2
37. 303 × 3	38. 201 × 4	39. 321 × 3	40. 220 × 4

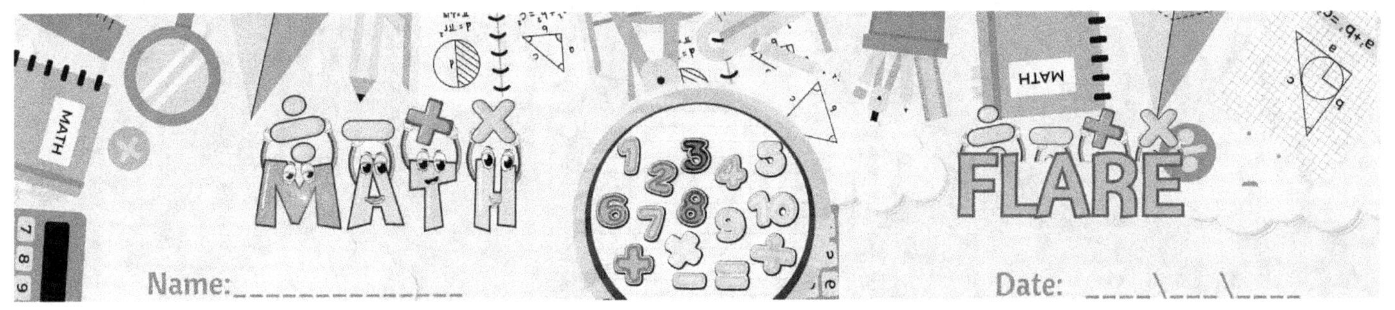

41. 301 × 2	42. 102 × 3	43. 322 × 3	44. 122 × 4
45. 112 × 3	46. 211 × 2	47. 363 × 1	48. 100 × 4
49. 111 × 5	50. 220 × 2	51. 158 × 1	52. 534 × 1
53. 302 × 2	54. 122 × 2	55. 441 × 2	56. 320 × 2
57. 110 × 2	58. 997 × 1	59. 222 × 3	60. 344 × 2

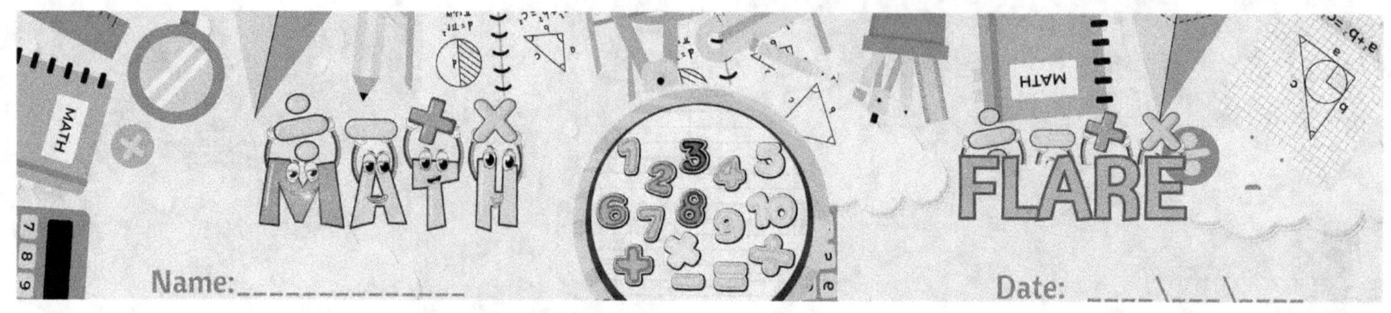

61. 303×2	62. 434×2	63. 201×3	64. 202×3
65. 130×3	66. 123×2	67. 111×2	68. 204×2
69. 322×2	70. 471×1	71. 310×3	72. 782×1
73. 132×3	74. 111×4	75. 123×3	76. 131×3
77. 103×3	78. 215×1	79. 414×2	80. 410×2

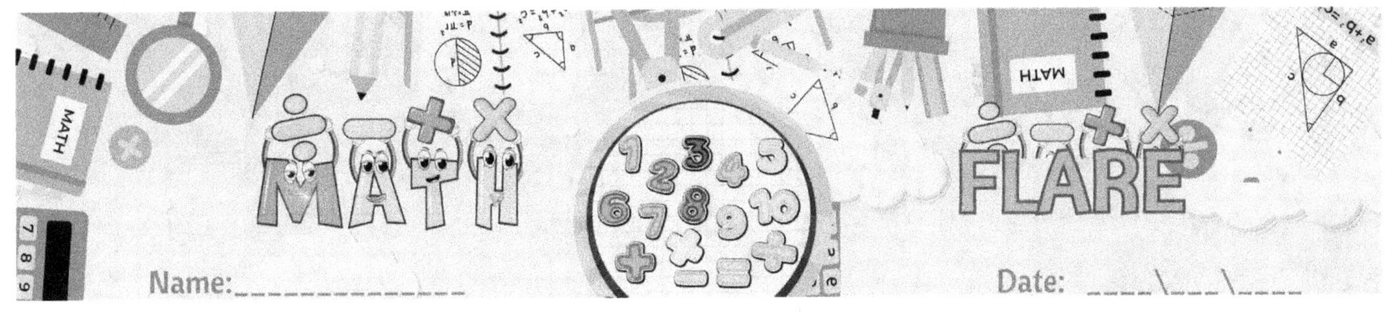

81. 472 × 1	82. 333 × 2	83. 345 × 1	84. 110 × 4
85. 132 × 2	86. 919 × 1	87. 221 × 3	88. 121 × 3
89. 332 × 2	90. 221 × 4	91. 333 × 3	92. 243 × 2
93. 341 × 2	94. 203 × 3	95. 300 × 3	96. 220 × 3
97. 332 × 3	98. 120 × 4	99. 313 × 3	100. 101 × 4

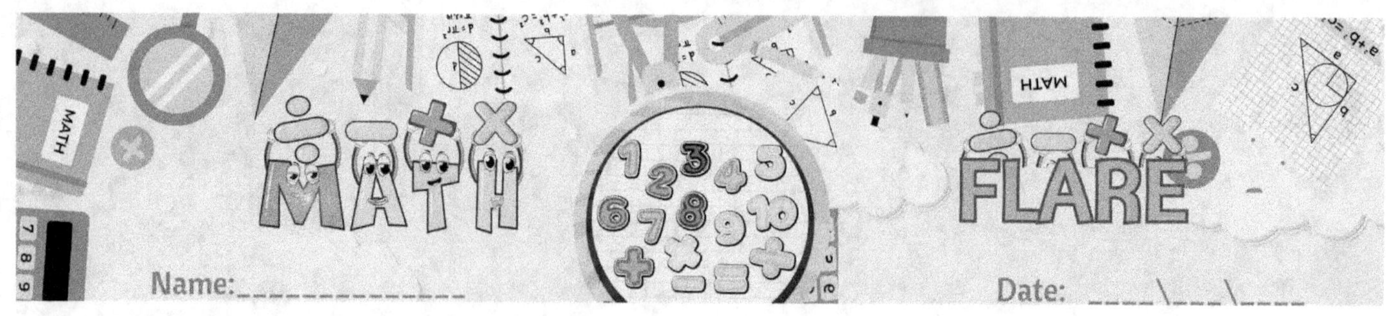

Multiplication: 4 x 1
Find the product.

1. 2,134 × 2	2. 2,211 × 4	3. 3,220 × 3	4. 6,886 × 1
5. 2,122 × 4	6. 2,011 × 4	7. 1,022 × 4	8. 3,133 × 3
9. 2,123 × 3	10. 2,202 × 3	11. 4,243 × 2	12. 2,342 × 2
13. 1,232 × 2	14. 3,024 × 2	15. 1,112 × 3	16. 2,401 × 2
17. 2,010 × 4	18. 4,302 × 2	19. 2,002 × 4	20. 1,231 × 2

21. 8,197 × 1	22. 2,474 × 1	23. 1,414 × 2	24. 1,321 × 3
25. 3,122 × 3	26. 2,210 × 4	27. 1,110 × 5	28. 2,322 × 2
29. 2,102 × 3	30. 4,022 × 2	31. 2,001 × 3	32. 2,012 × 3
33. 4,330 × 2	34. 2,102 × 4	35. 4,242 × 2	36. 1,323 × 3
37. 1,010 × 4	38. 1,111 × 5	39. 2,112 × 4	40. 2,212 × 4

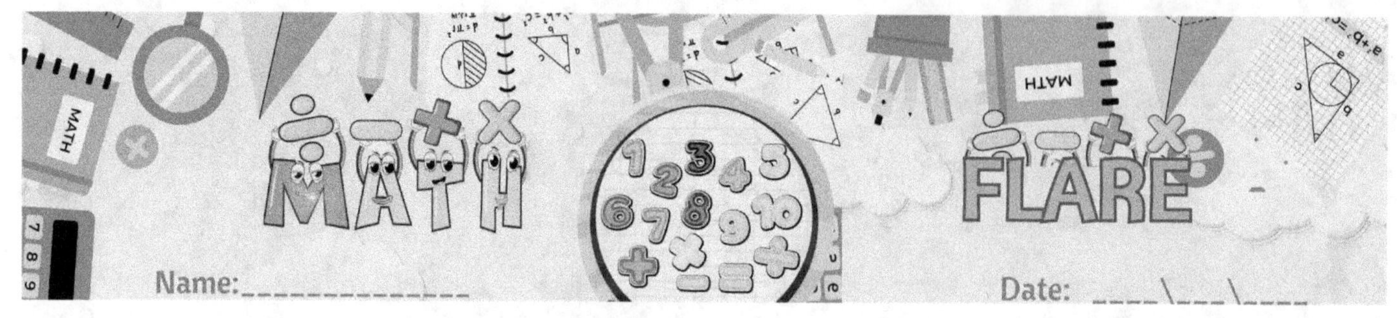

41.   1,221
   ×   4

42.   7,610
   ×   1

43.   4,032
   ×   2

44.   2,124
   ×   2

45.   1,104
   ×   2

46.   4,340
   ×   2

47.   3,002
   ×   3

48.   1,100
   ×   4

49.   1,004
   ×   2

50.   1,343
   ×   2

51.   1,001
   ×   3

52.   2,101
   ×   4

53.   1,110
   ×   4

54.   1,120
   ×   4

55.   2,133
   ×   3

56.   1,233
   ×   3

57.   1,113
   ×   3

58.   3,404
   ×   2

59.   1,222
   ×   3

60.   3,320
   ×   3

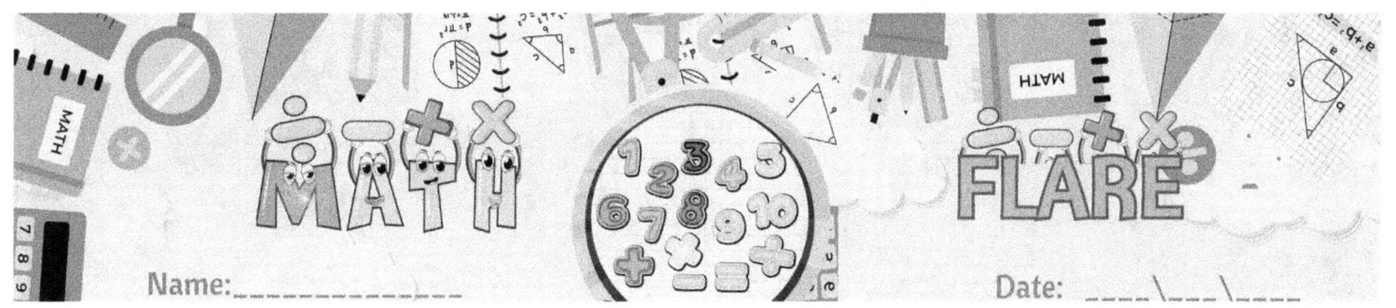

61. 2,221 × 4	62. 1,312 × 2	63. 3,866 × 1	64. 2,030 × 3
65. 3,001 × 2	66. 1,344 × 2	67. 3,234 × 2	68. 1,220 × 4
69. 2,103 × 3	70. 3,112 × 3	71. 3,344 × 2	72. 3,300 × 3
73. 2,433 × 2	74. 2,202 × 2	75. 7,891 × 1	76. 3,233 × 3
77. 1,111 × 4	78. 1,122 × 3	79. 1,301 × 2	80. 1,102 × 4

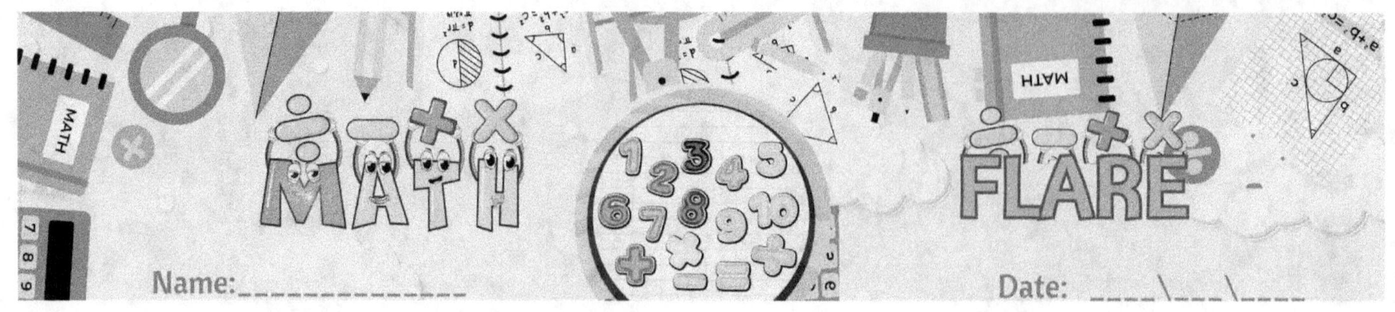

81. 2,110 × 3	82. 7,930 × 1	83. 2,100 × 4	84. 1,211 × 3
85. 2,120 × 4	86. 2,234 × 2	87. 1,021 × 3	88. 4,414 × 2
89. 1,011 × 2	90. 2,020 × 4	91. 1,202 × 4	92. 3,003 × 2
93. 2,022 × 3	94. 9,523 × 1	95. 2,100 × 2	96. 3,211 × 3
97. 8,621 × 1	98. 1,030 × 2	99. 2,000 × 4	100. 1,203 × 3

101. $2{,}012$ $\times4$	**102.** $2{,}101$ $\times3$	**103.** $1{,}001$ $\times4$	**104.** $2{,}024$ $\times2$
105. $2{,}110$ $\times4$	**106.** $1{,}231$ $\times3$	**107.** $3{,}103$ $\times3$	**108.** $1{,}010$ $\times5$
109. $2{,}121$ $\times3$	**110.** $1{,}213$ $\times3$	**111.** $4{,}121$ $\times2$	**112.** $2{,}112$ $\times3$
113. $2{,}332$ $\times3$	**114.** $3{,}230$ $\times3$	**115.** $3{,}203$ $\times3$	**116.** $2{,}013$ $\times3$
117. $1{,}011$ $\times5$	**118.** $2{,}233$ $\times3$	**119.** $2{,}210$ $\times3$	**120.** $3{,}323$ $\times2$

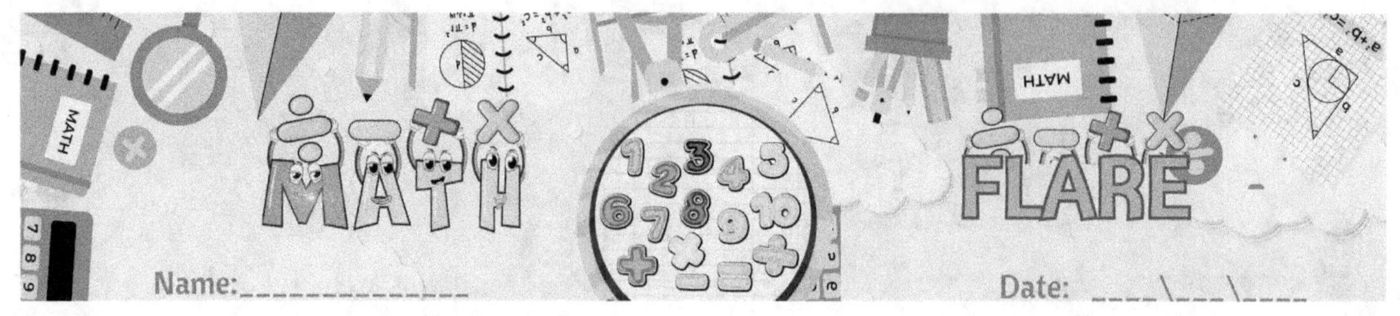

121.	3,111 × 2	122.	1,022 × 3	123.	3,120 × 3	124.	3,011 × 3
125.	2,243 × 2	126.	1,033 × 3	127.	3,413 × 2	128.	1,100 × 5
129.	2,030 × 2	130.	3,130 × 3	131.	1,210 × 3	132.	1,031 × 2
133.	3,222 × 2	134.	1,302 × 2	135.	3,232 × 3	136.	2,344 × 2
137.	3,324 × 2	138.	3,302 × 3	139.	2,021 × 4	140.	3,110 × 3

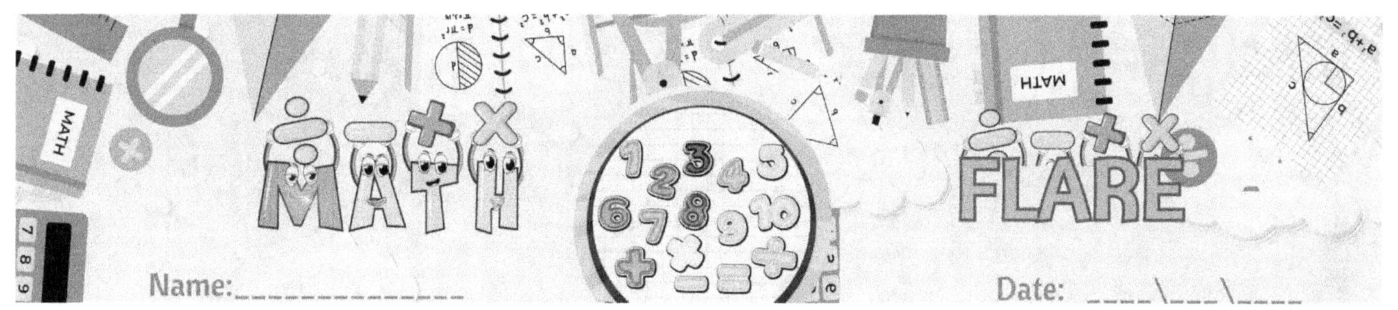

Name:______________   Date: _______________

141. 9,949
    ×   1

142. 1,404
    ×   2

143. 1,210
    ×   4

144. 1,030
    ×   3

145. 1,323
    ×   2

146. 3,212
    ×   2

147. 2,431
    ×   2

148. 3,342
    ×   2

149. 2,310
    ×   2

150. 2,100
    ×   3

151. 2,233
    ×   2

152. 2,000
    ×   3

153. 3,231
    ×   3

154. 2,323
    ×   3

155. 2,110
    ×   2

156. 1,200
    ×   4

157. 4,003
    ×   2

158. 3,132
    ×   3

159. 3,103
    ×   2

160. 2,201
    ×   4

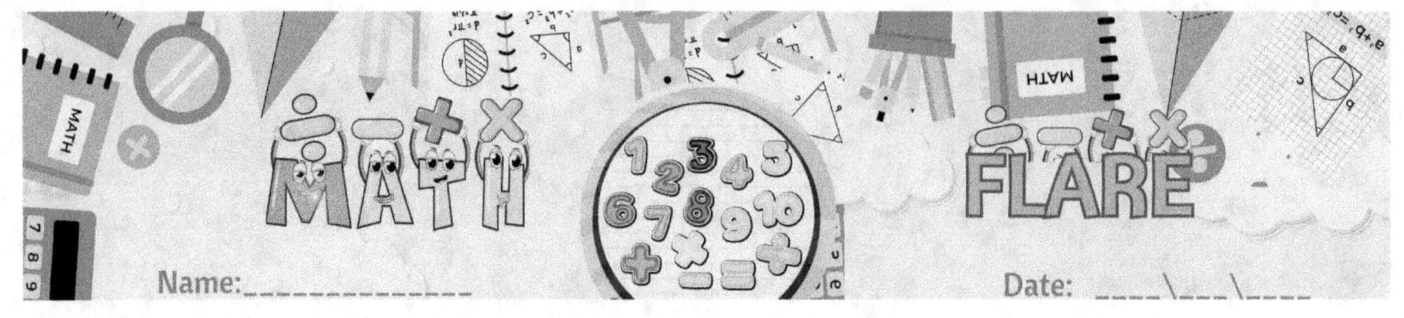

161. 2,220 × 4	162. 1,131 × 3	163. 1,240 × 2	164. 3,223 × 3
165. 3,367 × 1	166. 4,143 × 2	167. 4,043 × 2	168. 1,100 × 3
169. 3,010 × 3	170. 1,222 × 4	171. 4,300 × 2	172. 1,020 × 3
173. 2,330 × 3	174. 1,242 × 2	175. 2,211 × 3	176. 1,032 × 3
177. 4,128 × 1	178. 2,001 × 2	179. 2,322 × 3	180. 1,023 × 2

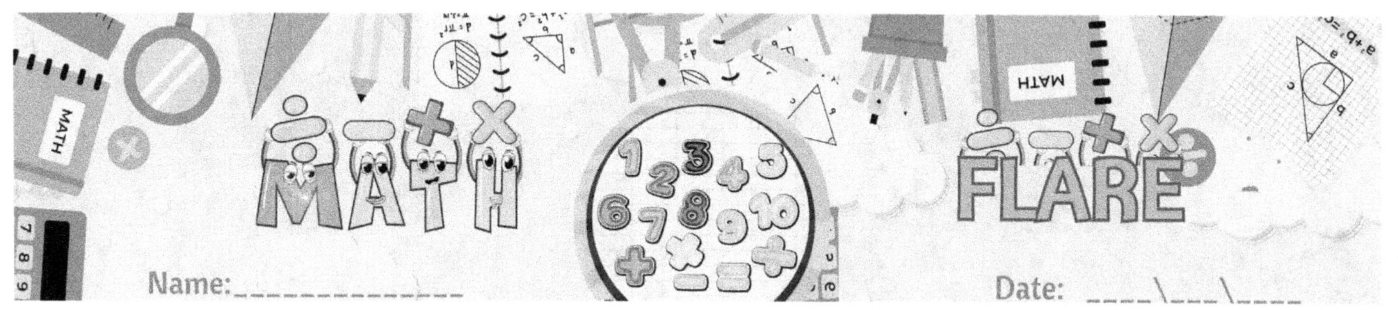

181. 1,101 × 5

182. 3,042 × 2

183. 2,223 × 3

184. 2,022 × 4

185. 2,423 × 2

186. 3,340 × 2

187. 2,413 × 2

188. 1,124 × 2

189. 2,033 × 3

190. 2,240 × 2

191. 5,517 × 1

192. 2,587 × 1

193. 1,000 × 3

194. 2,111 × 4

195. 2,121 × 4

196. 1,212 × 3

197. 3,003 × 3

198. 4,880 × 1

199. 4,310 × 2

200. 2,320 × 2

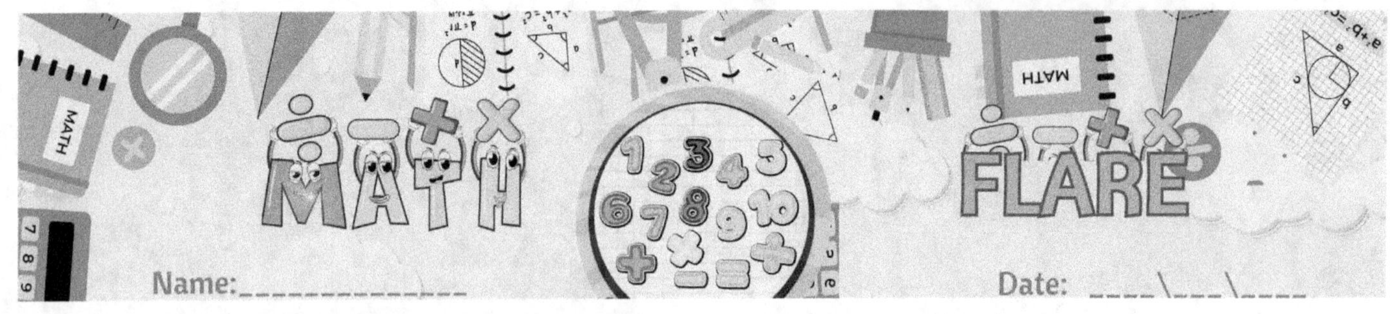

Double Digit Multiplication
Find the product.

1. 88
× 26

2. 86
× 47

3. 25
× 78

4. 40
× 35

5. 11
× 45

6. 36
× 75

7. 54
× 54

8. 52
× 68

9. 86
× 65

10. 87
× 97

11. 88
× 54

12. 18
× 49

13. 45
× 40

14. 88
× 40

15. 96
× 80

16. 29
× 37

17. 71
× 91

18. 14
× 48

19. 44
× 87

20. 42
× 26

21. 48 × 71	22. 82 × 80	23. 46 × 49	24. 36 × 73
25. 36 × 86	26. 54 × 79	27. 12 × 14	28. 13 × 44
29. 18 × 47	30. 12 × 84	31. 89 × 99	32. 38 × 30
33. 26 × 98	34. 14 × 62	35. 50 × 15	36. 33 × 98
37. 33 × 71	38. 59 × 27	39. 70 × 37	40. 14 × 94

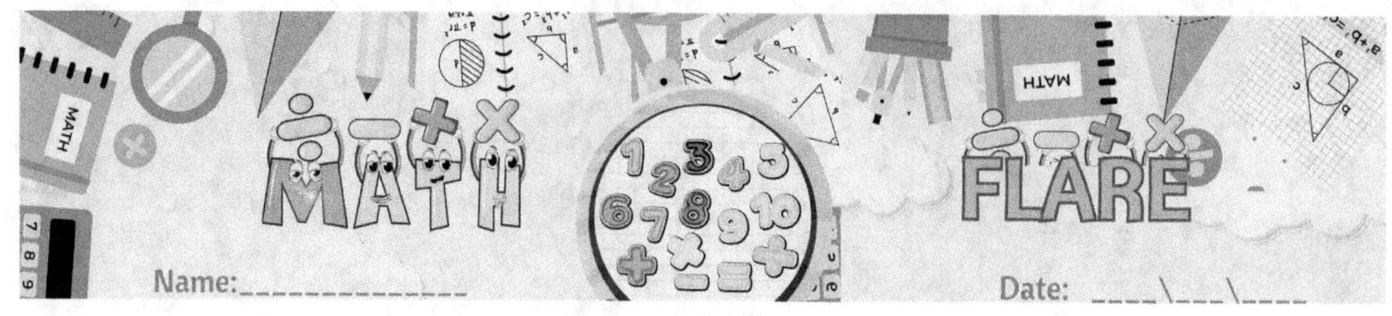

41.   14
   × 25
	42. 14
	   × 20
		43. 36
		   × 49
			44. 35
			   × 67

45.   88
   × 68
	46. 40
	   × 96
		47. 85
		   × 57
			48. 36
			   × 48

49.   43
   × 62
	50. 64
	   × 47
		51. 45
		   × 73
			52. 33
			   × 32

53.   63
   × 55
	54. 56
	   × 41
		55. 54
		   × 85
			56. 73
			   × 80

57.   43
   × 17
	58. 80
	   × 74
		59. 95
		   × 28
			60. 93
			   × 76

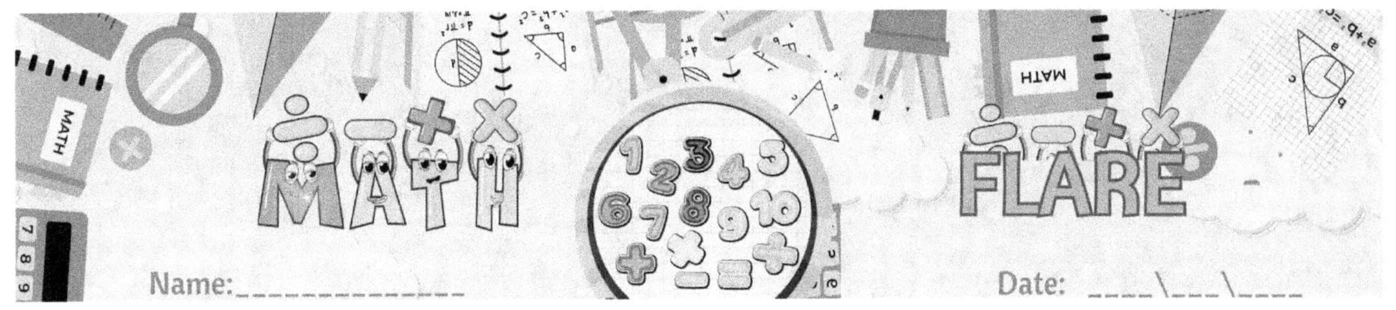

61. 73 × 46	62. 73 × 81	63. 74 × 36	64. 23 × 75
65. 44 × 21	66. 83 × 18	67. 72 × 66	68. 59 × 40
69. 91 × 81	70. 56 × 80	71. 92 × 94	72. 23 × 12
73. 94 × 59	74. 63 × 78	75. 76 × 61	76. 52 × 25
77. 68 × 87	78. 73 × 98	79. 10 × 52	80. 57 × 37

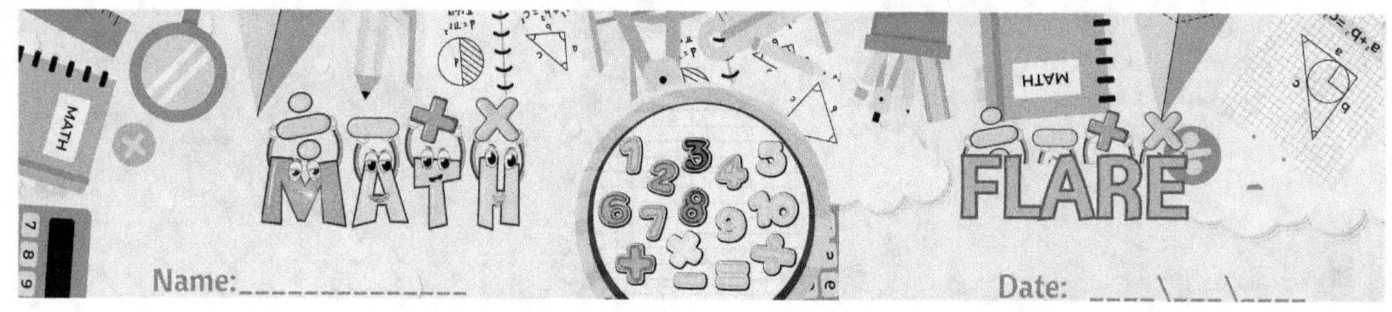

81. $\begin{array}{r} 42 \\ \times\ 80 \\ \hline \end{array}$	82. $\begin{array}{r} 95 \\ \times\ 43 \\ \hline \end{array}$	83. $\begin{array}{r} 12 \\ \times\ 65 \\ \hline \end{array}$	84. $\begin{array}{r} 19 \\ \times\ 77 \\ \hline \end{array}$
85. $\begin{array}{r} 56 \\ \times\ 50 \\ \hline \end{array}$	86. $\begin{array}{r} 82 \\ \times\ 24 \\ \hline \end{array}$	87. $\begin{array}{r} 71 \\ \times\ 23 \\ \hline \end{array}$	88. $\begin{array}{r} 84 \\ \times\ 78 \\ \hline \end{array}$
89. $\begin{array}{r} 86 \\ \times\ 25 \\ \hline \end{array}$	90. $\begin{array}{r} 72 \\ \times\ 44 \\ \hline \end{array}$	91. $\begin{array}{r} 98 \\ \times\ 82 \\ \hline \end{array}$	92. $\begin{array}{r} 68 \\ \times\ 68 \\ \hline \end{array}$
93. $\begin{array}{r} 49 \\ \times\ 84 \\ \hline \end{array}$	94. $\begin{array}{r} 91 \\ \times\ 60 \\ \hline \end{array}$	95. $\begin{array}{r} 39 \\ \times\ 49 \\ \hline \end{array}$	96. $\begin{array}{r} 34 \\ \times\ 29 \\ \hline \end{array}$
97. $\begin{array}{r} 48 \\ \times\ 22 \\ \hline \end{array}$	98. $\begin{array}{r} 98 \\ \times\ 79 \\ \hline \end{array}$	99. $\begin{array}{r} 10 \\ \times\ 39 \\ \hline \end{array}$	100. $\begin{array}{r} 50 \\ \times\ 86 \\ \hline \end{array}$

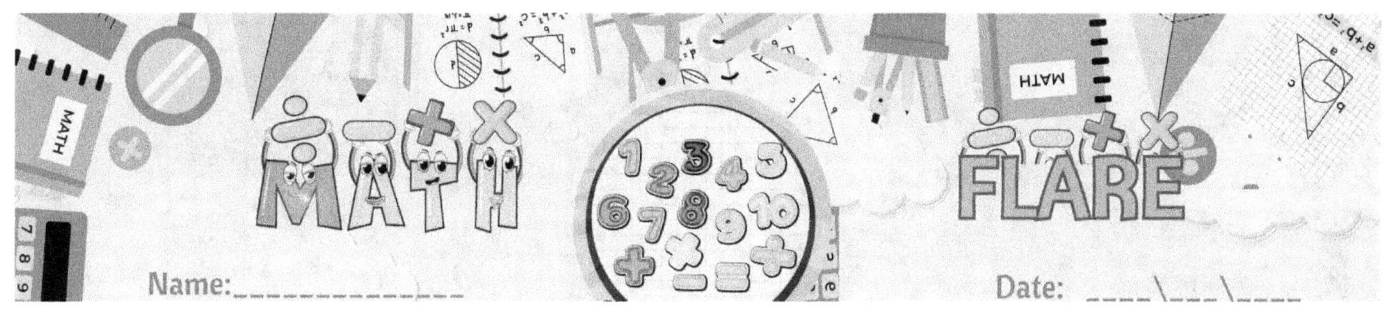

101. 32 × 36	102. 78 × 38	103. 52 × 55	104. 13 × 95
105. 75 × 39	106. 65 × 42	107. 64 × 97	108. 81 × 23
109. 74 × 43	110. 26 × 33	111. 85 × 95	112. 21 × 43
113. 89 × 52	114. 74 × 72	115. 79 × 52	116. 71 × 57
117. 74 × 85	118. 22 × 72	119. 15 × 39	120. 26 × 93

121. $\begin{array}{r} 81 \\ \times\ 95 \\ \hline \end{array}$	122. $\begin{array}{r} 84 \\ \times\ 11 \\ \hline \end{array}$	123. $\begin{array}{r} 83 \\ \times\ 91 \\ \hline \end{array}$	124. $\begin{array}{r} 64 \\ \times\ 50 \\ \hline \end{array}$
125. $\begin{array}{r} 40 \\ \times\ 85 \\ \hline \end{array}$	126. $\begin{array}{r} 15 \\ \times\ 66 \\ \hline \end{array}$	127. $\begin{array}{r} 23 \\ \times\ 27 \\ \hline \end{array}$	128. $\begin{array}{r} 11 \\ \times\ 35 \\ \hline \end{array}$
129. $\begin{array}{r} 26 \\ \times\ 44 \\ \hline \end{array}$	130. $\begin{array}{r} 49 \\ \times\ 99 \\ \hline \end{array}$	131. $\begin{array}{r} 80 \\ \times\ 40 \\ \hline \end{array}$	132. $\begin{array}{r} 25 \\ \times\ 33 \\ \hline \end{array}$
133. $\begin{array}{r} 67 \\ \times\ 19 \\ \hline \end{array}$	134. $\begin{array}{r} 67 \\ \times\ 78 \\ \hline \end{array}$	135. $\begin{array}{r} 85 \\ \times\ 19 \\ \hline \end{array}$	136. $\begin{array}{r} 18 \\ \times\ 45 \\ \hline \end{array}$
137. $\begin{array}{r} 26 \\ \times\ 32 \\ \hline \end{array}$	138. $\begin{array}{r} 51 \\ \times\ 88 \\ \hline \end{array}$	139. $\begin{array}{r} 22 \\ \times\ 20 \\ \hline \end{array}$	140. $\begin{array}{r} 60 \\ \times\ 96 \\ \hline \end{array}$

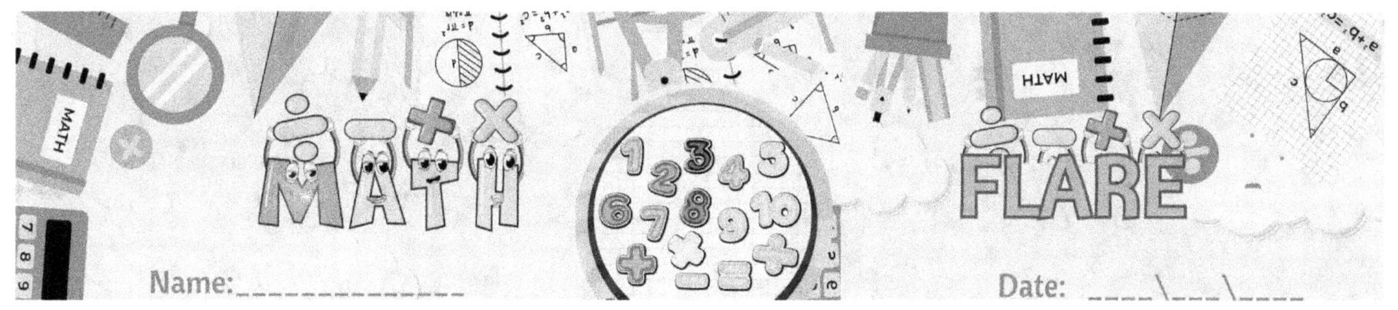

141. 87 × 34	142. 41 × 93	143. 47 × 14	144. 44 × 58
145. 84 × 86	146. 56 × 70	147. 90 × 26	148. 23 × 51
149. 80 × 61	150. 43 × 74	151. 35 × 84	152. 64 × 31
153. 78 × 70	154. 50 × 90	155. 75 × 22	156. 24 × 16
157. 84 × 51	158. 22 × 56	159. 98 × 31	160. 85 × 63

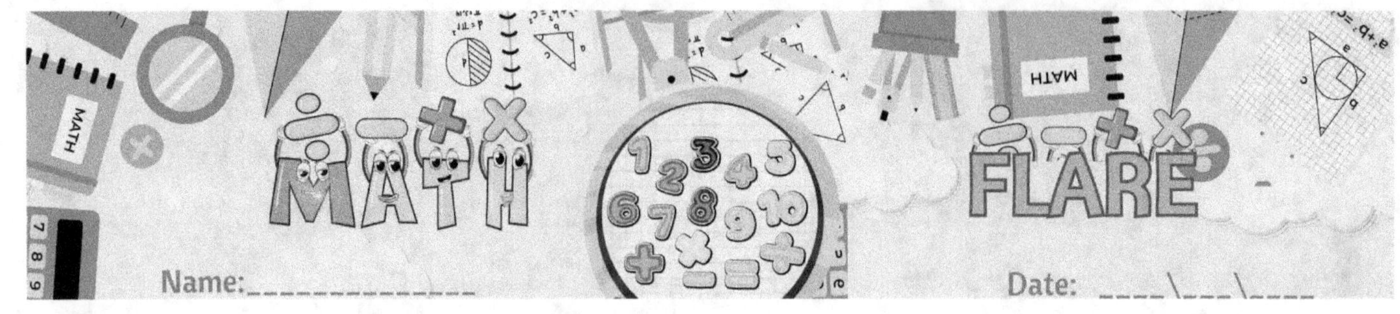

161. 74 × 19	162. 94 × 98	163. 62 × 47	164. 54 × 10
165. 19 × 99	166. 18 × 60	167. 77 × 84	168. 72 × 13
169. 69 × 20	170. 26 × 76	171. 64 × 53	172. 82 × 71
173. 72 × 50	174. 85 × 48	175. 53 × 59	176. 74 × 79
177. 11 × 26	178. 90 × 65	179. 68 × 41	180. 25 × 50

181.   81
     × 75
	182. 38
	     × 98
		183. 79
		     × 19
			184. 86
			     × 87

185.   16
     × 19
	186. 98
	     × 30
		187. 36
		     × 33
			188. 36
			     × 22

189.   61
     × 16
	190. 94
	     × 52
		191. 56
		     × 58
			192. 85
			     × 97

193.   83
     × 56
	194. 22
	     × 14
		195. 51
		     × 84
			196. 61
			     × 24

197.   72
     × 17
	198. 67
	     × 20
		199. 23
		     × 86
			200. 68
			     × 95

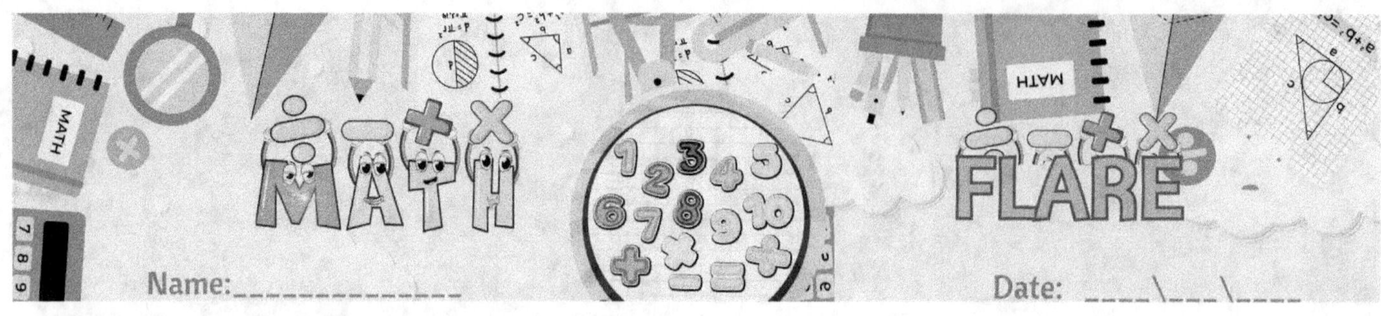

Basic Division: 1 to 10

Find the quotient.

1.
$6\overline{)12}$

2.
$3\overline{)12}$

3.
$1\overline{)6}$

4.
$6\overline{)42}$

5.
$6\overline{)30}$

6.
$4\overline{)16}$

7.
$8\overline{)56}$

8.
$3\overline{)21}$

9.
$9\overline{)18}$

10.
$2\overline{)4}$

11.
$3\overline{)18}$

12.
$5\overline{)20}$

13.
$9\overline{)27}$

14.
$8\overline{)40}$

15.
$10\overline{)10}$

16.
$2\overline{)12}$

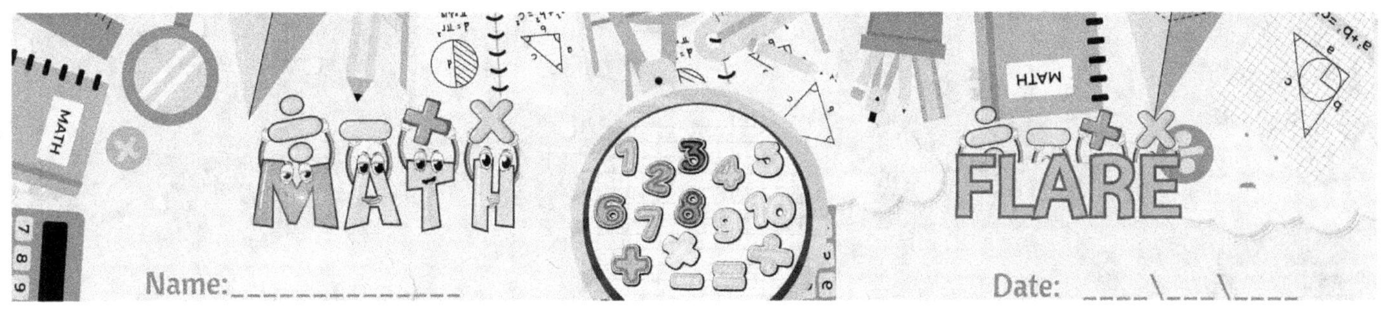

17.

$6\overline{)36}$

18.

$1\overline{)7}$

19.

$1\overline{)4}$

20.

$4\overline{)36}$

21.

$3\overline{)9}$

22.

$3\overline{)24}$

23.

$3\overline{)6}$

24.

$3\overline{)27}$

25.

$4\overline{)4}$

26.

$4\overline{)12}$

27.

$7\overline{)14}$

28.

$8\overline{)24}$

29.

$6\overline{)24}$

30.

$2\overline{)18}$

31.

$7\overline{)7}$

32.

$7\overline{)42}$

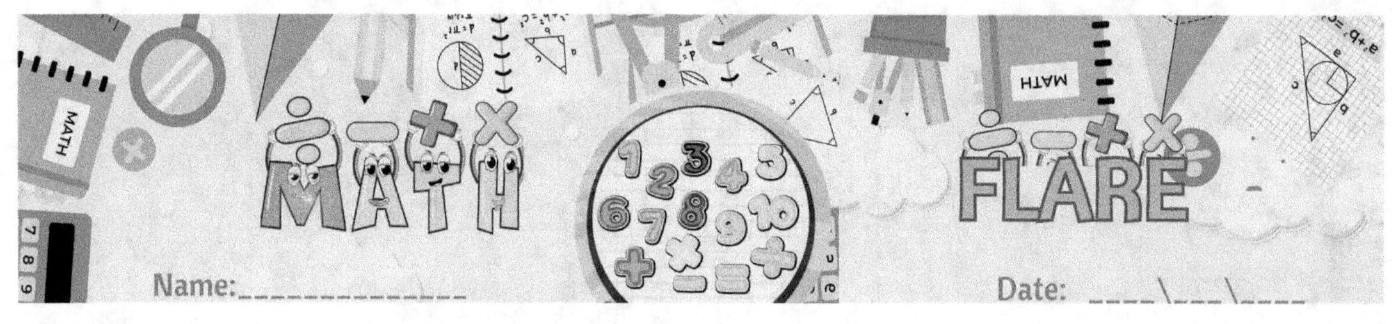

33.

8)64

34.

8)32

35.

3)3

36.

9)54

37.

8)16

38.

4)28

39.

5)40

40.

8)72

41.

6)18

42.

2)16

43.

4)20

44.

2)2

45.

1)9

46.

3)30

47.

4)24

48.

1)5

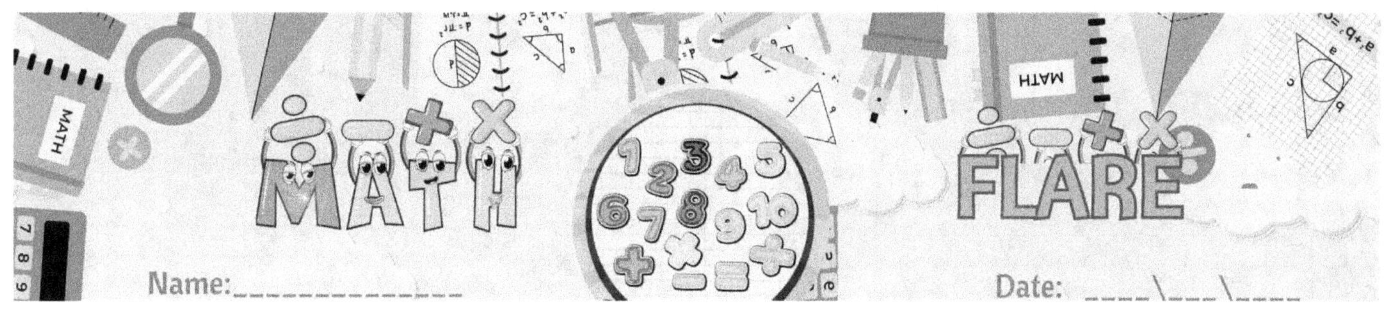

49. $7\overline{)49}$	50. $7\overline{)63}$	51. $8\overline{)48}$	52. $10\overline{)90}$
53. $3\overline{)15}$	54. $1\overline{)10}$	55. $1\overline{)2}$	56. $1\overline{)8}$
57. $10\overline{)70}$	58. $2\overline{)14}$	59. $9\overline{)45}$	60. $5\overline{)45}$
61. $7\overline{)21}$	62. $5\overline{)35}$	63. $2\overline{)10}$	64. $6\overline{)6}$

65.

$1\overline{)1}$

66.

$6\overline{)48}$

67.

$5\overline{)10}$

68.

$4\overline{)8}$

69.

$5\overline{)50}$

70.

$6\overline{)54}$

71.

$9\overline{)81}$

72.

$10\overline{)20}$

73.

$7\overline{)35}$

74.

$6\overline{)60}$

75.

$8\overline{)8}$

76.

$9\overline{)72}$

77.

$5\overline{)30}$

78.

$4\overline{)32}$

79.

$7\overline{)28}$

80.

$2\overline{)6}$

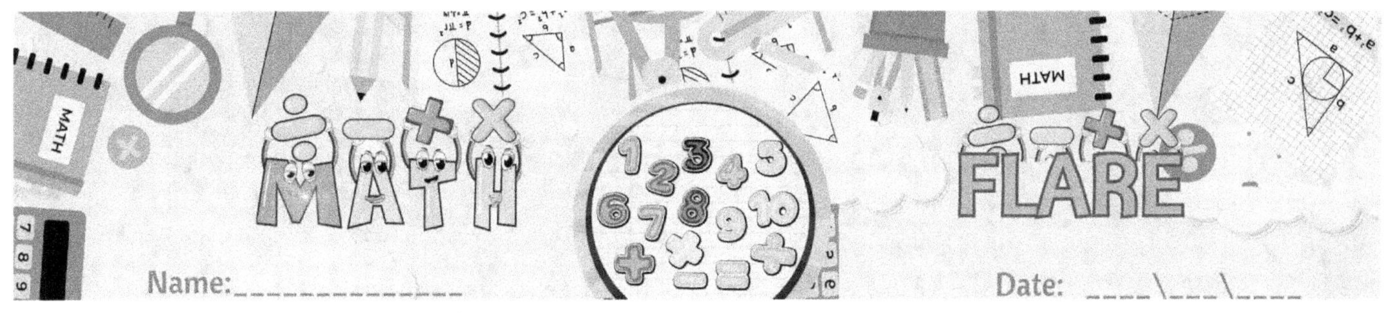

Name:_______________   Date: ____________

81.

10$\overline{)50}$

82.

7$\overline{)56}$

83.

5$\overline{)15}$

84.

9$\overline{)36}$

85.

7$\overline{)70}$

86.

10$\overline{)80}$

87.

2$\overline{)20}$

88.

10$\overline{)30}$

89.

5$\overline{)5}$

90.

9$\overline{)63}$

91.

4$\overline{)40}$

92.

8$\overline{)80}$

93.

10$\overline{)60}$

94.

5$\overline{)25}$

95.

2$\overline{)8}$

96.

9$\overline{)9}$

Long Division
Find the quotient.

1. $10\overline{)520}$

2. $6\overline{)288}$

3. $6\overline{)504}$

4. $3\overline{)144}$

5. $4\overline{)372}$

6. $4\overline{)356}$

7. $7\overline{)238}$

8. $9\overline{)387}$

9. $1\overline{)17}$

10. $7\overline{)532}$

11. $7\overline{)154}$

12. $2\overline{)112}$

13. $8\overline{)368}$

14. $6\overline{)426}$

15. $1\overline{)41}$

16. $5\overline{)60}$

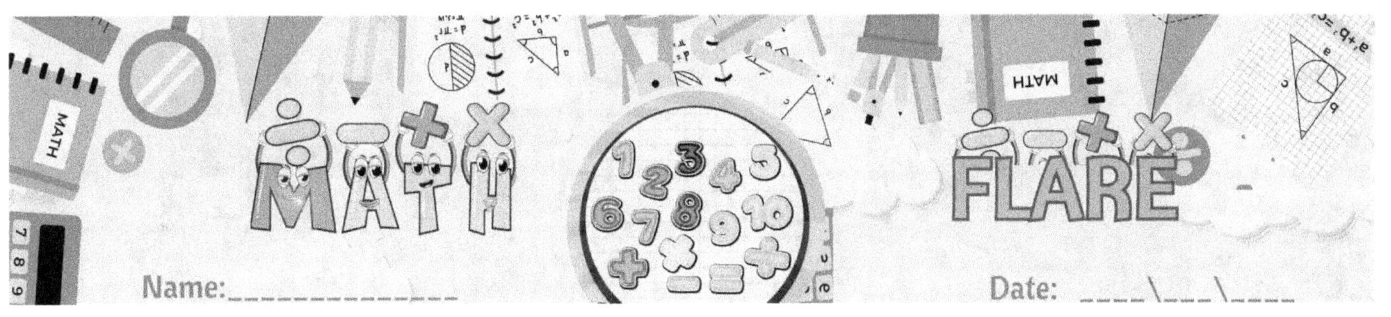

17. 8)656

18. 7)539

19. 5)150

20. 4)100

21. 9)621

22. 9)549

23. 7)637

24. 7)420

25. 7)371

26. 2)66

27. 5)410

28. 4)48

29. 7)175

30. 4)224

31. 5)165

32. 2)168

33. 8)504

34. 7)350

35. 5)280

36. 4)216

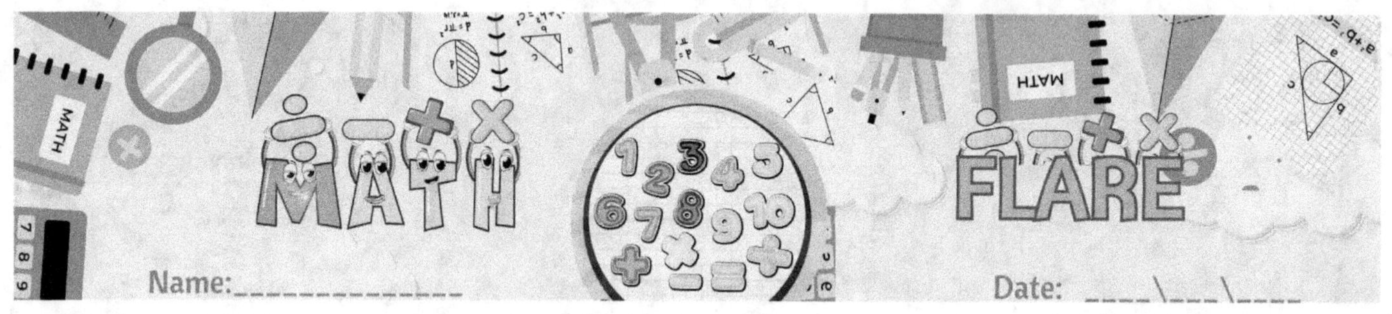

37. $7\overline{)203}$	38. $7\overline{)448}$	39. $10\overline{)530}$	40. $7\overline{)672}$
41. $9\overline{)513}$	42. $5\overline{)420}$	43. $8\overline{)256}$	44. $9\overline{)711}$
45. $8\overline{)672}$	46. $3\overline{)198}$	47. $5\overline{)435}$	48. $4\overline{)244}$
49. $8\overline{)136}$	50. $8\overline{)536}$	51. $8\overline{)704}$	52. $6\overline{)498}$
53. $5\overline{)230}$	54. $5\overline{)365}$	55. $6\overline{)540}$	56. $4\overline{)228}$

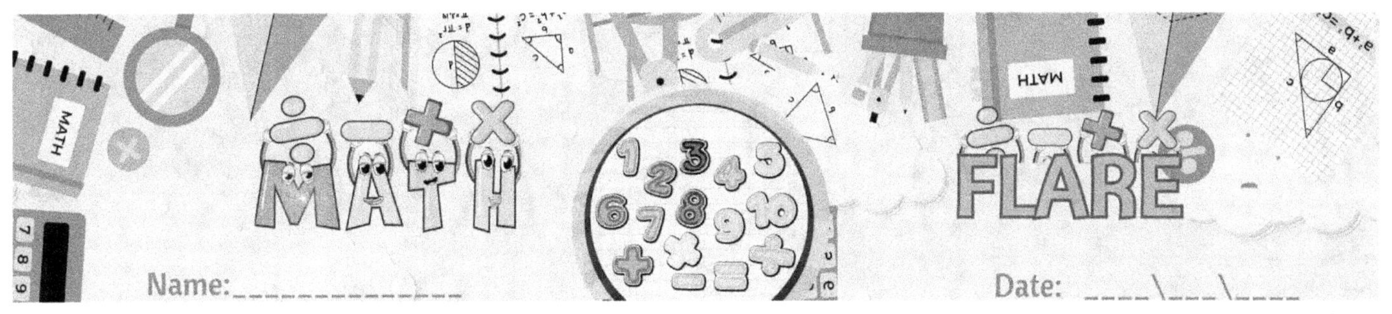

57. 4)248

58. 5)400

59. 7)259

60. 8)376

61. 8)408

62. 4)396

63. 4)180

64. 2)72

65. 7)413

66. 4)264

67. 2)90

68. 8)224

69. 3)267

70. 5)335

71. 5)270

72. 9)432

73. 4)184

74. 2)42

75. 2)32

76. 7)462

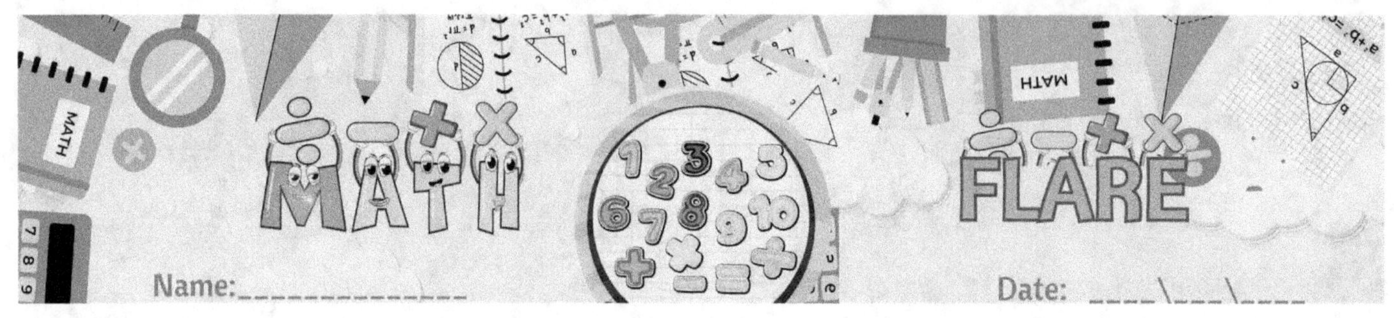

77. $4\overline{)92}$	78. $2\overline{)152}$	79. $4\overline{)52}$	80. $9\overline{)783}$
81. $5\overline{)80}$	82. $3\overline{)135}$	83. $7\overline{)280}$	84. $5\overline{)425}$
85. $10\overline{)710}$	86. $7\overline{)602}$	87. $4\overline{)332}$	88. $6\overline{)228}$
89. $4\overline{)308}$	90. $3\overline{)189}$	91. $5\overline{)160}$	92. $2\overline{)146}$
93. $8\overline{)192}$	94. $8\overline{)144}$	95. $8\overline{)608}$	96. $3\overline{)99}$

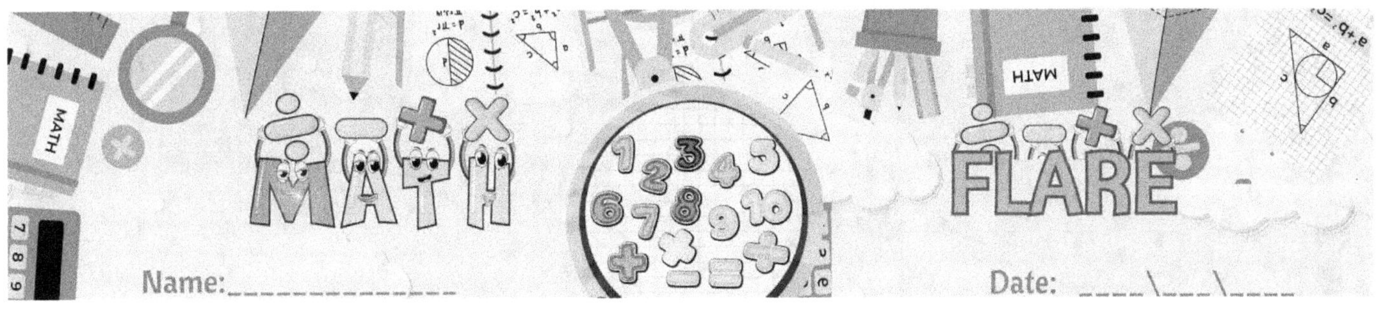

97.

$1\overline{)64}$

98.

$1\overline{)82}$

99.

$8\overline{)624}$

100.

$7\overline{)266}$

101.

$2\overline{)164}$

102.

$7\overline{)574}$

103.

$3\overline{)177}$

104.

$7\overline{)588}$

105.

$5\overline{)330}$

106.

$9\overline{)297}$

107.

$9\overline{)477}$

108.

$7\overline{)364}$

109.

$6\overline{)258}$

110.

$2\overline{)60}$

111.

$5\overline{)245}$

112.

$8\overline{)584}$

113.

$2\overline{)96}$

114.

$10\overline{)480}$

115.

$9\overline{)153}$

116.

$2\overline{)80}$

117. $10 \overline{)920}$	118. $9 \overline{)306}$	119. $5 \overline{)450}$	120. $4 \overline{)272}$
121. $5 \overline{)395}$	122. $2 \overline{)162}$	123. $9 \overline{)693}$	124. $3 \overline{)111}$
125. $3 \overline{)264}$	126. $5 \overline{)170}$	127. $10 \overline{)550}$	128. $8 \overline{)736}$
129. $8 \overline{)80}$	130. $7 \overline{)336}$	131. $4 \overline{)176}$	132. $2 \overline{)126}$
133. $5 \overline{)385}$	134. $6 \overline{)186}$	135. $9 \overline{)252}$	136. $9 \overline{)702}$

137.

$1\overline{)14}$

138.

$7\overline{)70}$

139.

$8\overline{)304}$

140.

$3\overline{)207}$

141.

$2\overline{)132}$

142.

$9\overline{)666}$

143.

$9\overline{)396}$

144.

$6\overline{)348}$

145.

$2\overline{)76}$

146.

$10\overline{)990}$

147.

$7\overline{)252}$

148.

$3\overline{)156}$

149.

$8\overline{)96}$

150.

$5\overline{)50}$

151.

$10\overline{)660}$

152.

$3\overline{)282}$

153.

$2\overline{)98}$

154.

$8\overline{)784}$

155.

$3\overline{)216}$

156.

$6\overline{)492}$

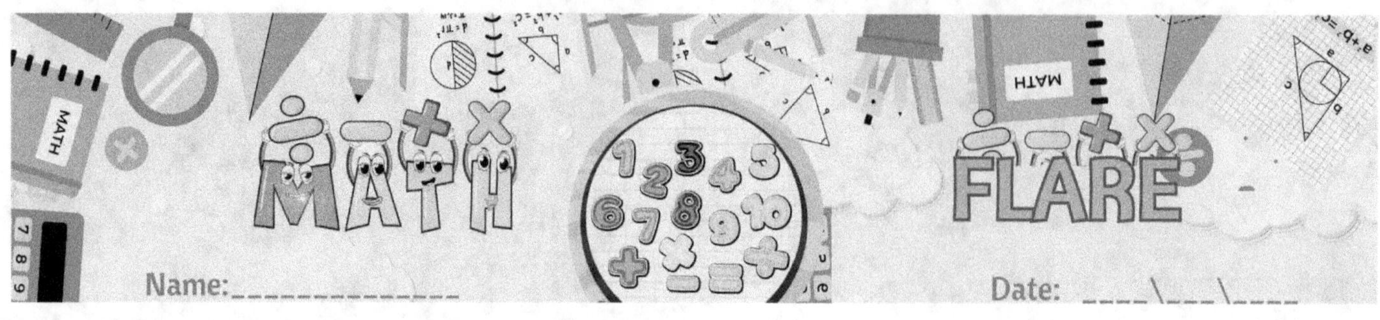

Matching the answers.

1.

a. $35 \div 5 =$ _______ •   • E = 1

b. $35 \div 7 =$ _______ •   • I = 6

c. $12 \div 2 =$ _______ •   • J = 1

d. $1 \div 1 =$ _______ •   • H = 6

e. $7 \times 9 =$ _______ •   • B = 63

f. $8 \times 9 =$ _______ •   • D = 5

g. $3 \times 2 =$ _______ •   • A = 3

h. $10 \div 10 =$ _______ •   • C = 72

i. $20 \div 4 =$ _______ •   • G = 5

j. $12 \div 4 =$ _______ •   • F = 7

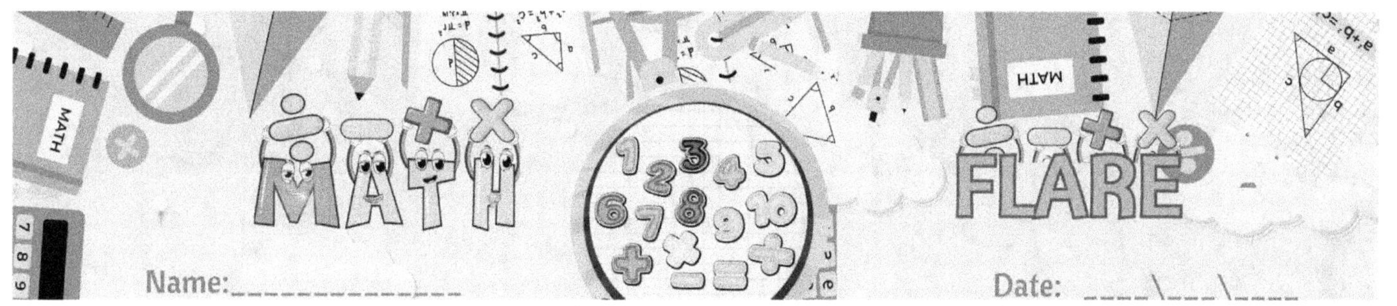

Name: ______________________ **Date:** ____________

2.

a. 10 ÷ 1 = _______ •   • J = 10

b. 5 × 2 = _______ •   • G = 9

c. 5 ÷ 5 = _______ •   • F = 10

d. 18 ÷ 9 = _______ •   • I = 16

e. 10 ÷ 10 = _______ •   • D = 20

f. 8 × 2 = _______ •   • C = 2

g. 45 ÷ 5 = _______ •   • B = 1

h. 6 ÷ 2 = _______ •   • H = 1

i. 63 ÷ 7 = _______ •   • A = 9

j. 2 × 10 = _______ •   • E = 3

MathFlare - Multiplication and Division 3rd Grade

51

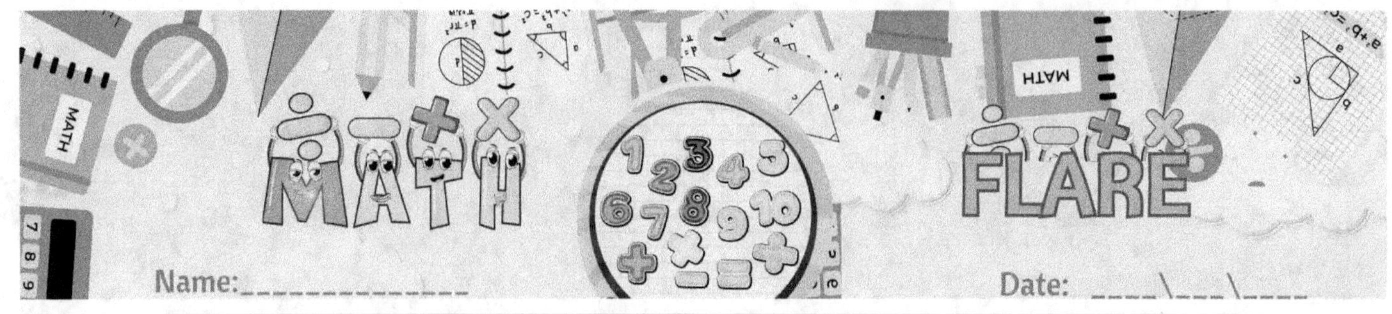

Name:________________   Date: ____________

3.

a. 2 × 3 = _______ •

b. 10 ÷ 1 = _______ •

c. 4 ÷ 2 = _______ •

d. 48 ÷ 8 = _______ •

e. 9 × 2 = _______ •

f. 1 × 10 = _______ •

g. 6 × 7 = _______ •

h. 3 × 4 = _______ •

i. 16 ÷ 8 = _______ •

j. 12 ÷ 6 = _______ •

• F = 2

• A = 12

• C = 6

• H = 2

• D = 42

• G = 18

• I = 2

• E = 6

• J = 10

• B = 10

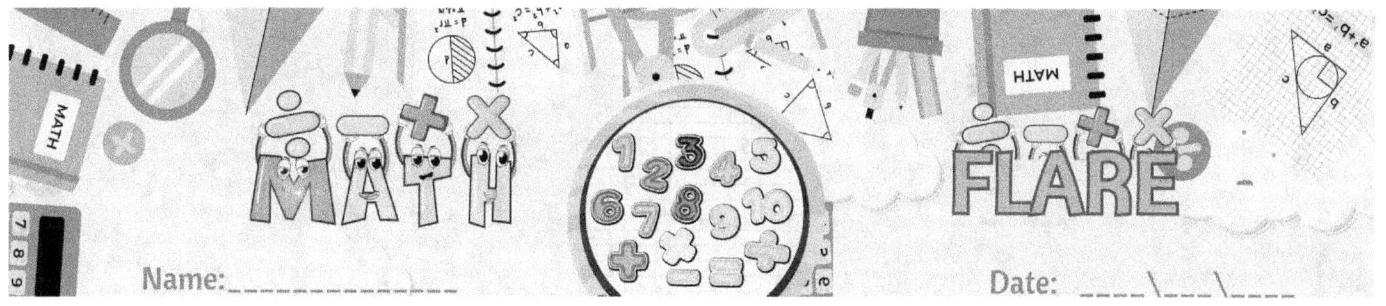

4.

a. $9 \div 9 =$ _______ •	• C = 1
b. $4 \times 10 =$ _______ •	• I = 63
c. $20 \div 2 =$ _______ •	• D = 10
d. $28 \div 7 =$ _______ •	• H = 5
e. $27 \div 3 =$ _______ •	• F = 9
f. $12 \div 4 =$ _______ •	• G = 40
g. $7 \times 9 =$ _______ •	• J = 3
h. $35 \div 7 =$ _______ •	• A = 10
i. $1 \times 10 =$ _______ •	• E = 10
j. $90 \div 9 =$ _______ •	• B = 4

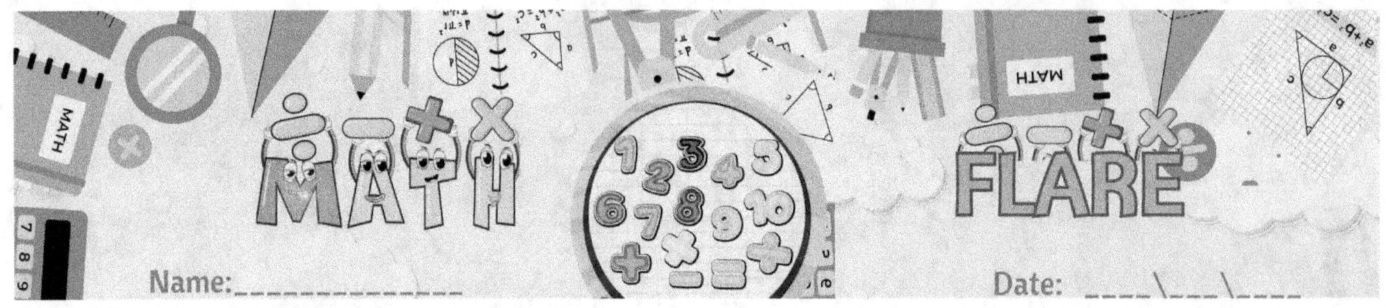

5.

a. 2 × 1 = _______ •   • I = 10

b. 12 ÷ 6 = _______ •   • C = 20

c. 60 ÷ 6 = _______ •   • F = 8

d. 7 × 2 = _______ •   • A = 2

e. 3 ÷ 3 = _______ •   • J = 45

f. 4 × 5 = _______ •   • B = 20

g. 2 × 10 = _______ •   • D = 1

h. 9 × 5 = _______ •   • E = 2

i. 70 ÷ 7 = _______ •   • H = 14

j. 2 × 4 = _______ •   • G = 10

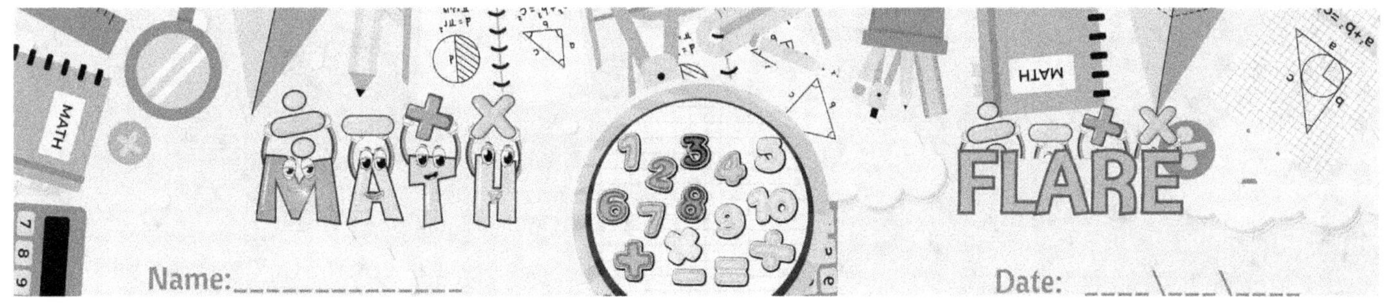

6.

a. $7 \times 10 =$ _______ •	• E = 14
b. $7 \times 2 =$ _______ •	• H = 8
c. $21 \div 7 =$ _______ •	• I = 8
d. $27 \div 3 =$ _______ •	• C = 3
e. $8 \div 1 =$ _______ •	• F = 9
f. $40 \div 5 =$ _______ •	• B = 72
g. $3 \times 7 =$ _______ •	• G = 7
h. $8 \times 9 =$ _______ •	• D = 10
i. $40 \div 4 =$ _______ •	• J = 70
j. $63 \div 9 =$ _______ •	• A = 21

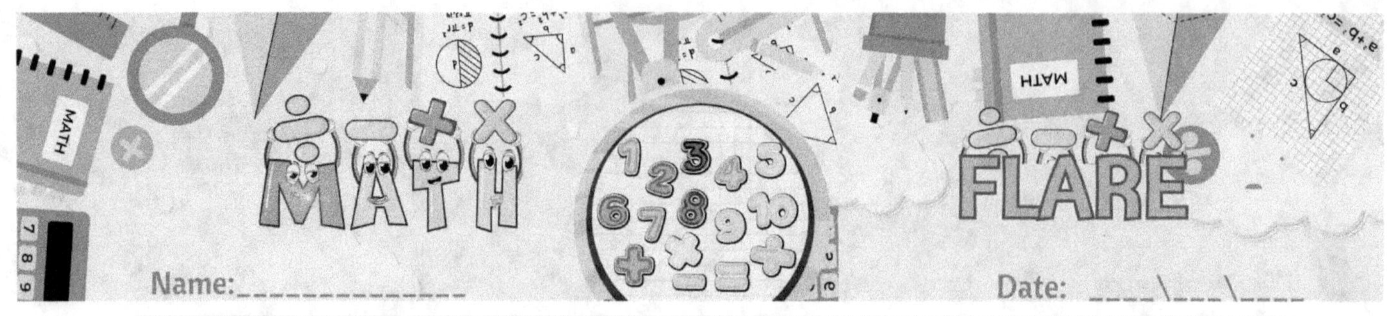

7.

a. 2 × 10 = _______ •

b. 6 × 5 = _______ •

c. 4 × 1 = _______ •

d. 12 ÷ 3 = _______ •

e. 6 ÷ 1 = _______ •

f. 1 × 2 = _______ •

g. 9 × 9 = _______ •

h. 63 ÷ 9 = _______ •

i. 5 × 7 = _______ •

j. 5 ÷ 5 = _______ •

• J = 7

• C = 35

• D = 4

• E = 6

• B = 4

• I = 20

• F = 81

• A = 30

• G = 1

• H = 2

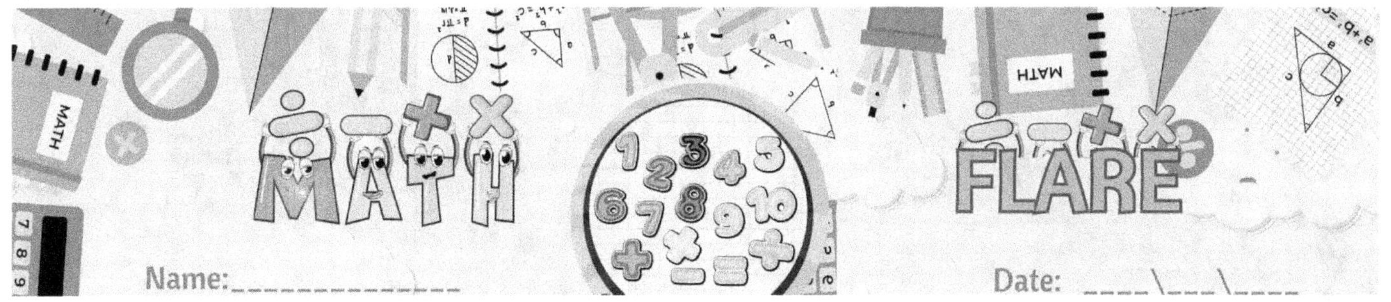

Name:________________ Date: _______________

8.

a. 9 × 3 = _______ •   • I = 42

b. 6 × 7 = _______ •   • D = 56

c. 6 × 3 = _______ •   • H = 27

d. 36 ÷ 9 = ______ •   • C = 7

e. 35 ÷ 5 = ______ •   • B = 20

f. 8 ÷ 4 = _______ •   • A = 4

g. 3 × 9 = ______ •   • F = 18

h. 7 × 8 = ______ •   • G = 7

i. 42 ÷ 6 = ______ •   • J = 27

j. 10 × 2 = ______ •   • E = 2

MathFlare - Multiplication and Division 3rd Grade

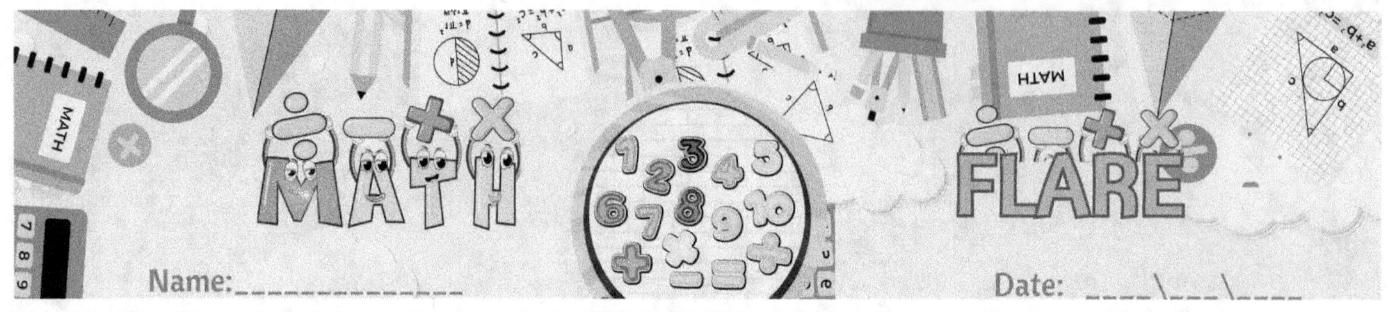

9.

a. 8 ÷ 4 = _______ •

b. 25 ÷ 5 = _______ •

c. 3 ÷ 1 = _______ •

d. 4 × 5 = _______ •

e. 18 ÷ 6 = _______ •

f. 10 ÷ 10 = _______ •

g. 7 × 3 = _______ •

h. 7 × 9 = _______ •

i. 6 ÷ 2 = _______ •

j. 50 ÷ 10 = _______ •

• A = 3

• C = 20

• G = 5

• F = 3

• E = 2

• D = 5

• I = 21

• H = 3

• J = 63

• B = 1

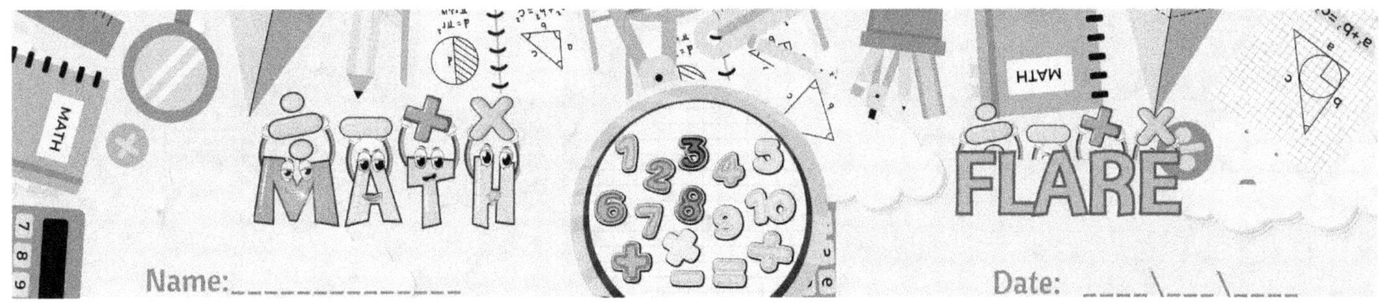

10.

a. 10 × 7 = _________   •   • E = 6

b. 3 × 2 = _________   •   • A = 10

c. 30 ÷ 3 = _________   •   • B = 81

d. 60 ÷ 10 = _______   •   • C = 2

e. 9 × 9 = _________   •   • H = 70

f. 3 × 5 = _________   •   • I = 7

g. 10 × 6 = _______   •   • G = 15

h. 28 ÷ 4 = _______   •   • F = 6

i. 30 ÷ 6 = _______   •   • D = 5

j. 4 ÷ 2 = _________   •   • J = 60

ANSWERS

Page 1: Basic Multiplication

1. 25	2. 32	3. 20	4. 80	5. 24	6. 72	7. 14
8. 70	9. 64	10. 100	11. 20	12. 42	13. 60	14. 63
15. 18	16. 8	17. 21	18. 36	19. 63	20. 15	21. 56
22. 10	23. 10	24. 40	25. 24	26. 56	27. 20	28. 60
29. 30	30. 4	31. 54	32. 24	33. 30	34. 16	35. 16
36. 72	37. 28	38. 36	39. 2	40. 40	41. 45	42. 28
43. 48	44. 35	45. 6	46. 30	47. 12	48. 49	49. 12
50. 80	51. 45	52. 9	53. 27	54. 40	55. 9	56. 4
57. 6	58. 20	59. 70	60. 81	61. 21	62. 42	63. 14
64. 18	65. 32	66. 8	67. 3	68. 8	69. 35	70. 2
71. 54	72. 15	73. 90	74. 50	75. 27	76. 12	77. 7
78. 50	79. 18	80. 8	81. 5	82. 36	83. 24	84. 16
85. 3	86. 6	87. 7	88. 10	89. 12	90. 48	91. 6
92. 90	93. 1	94. 30	95. 18	96. 10	97. 40	98. 4
99. 5	100. 9					

Page 6: Multiplication: 2 x 1

1. 96	2. 90	3. 46	4. 11	5. 36	6. 93	7. 88
8. 74	9. 30	10. 86	11. 84	12. 19	13. 24	14. 44
15. 69	16. 66	17. 26	18. 48	19. 55	20. 80	21. 48

22. 33   23. 63   24. 84   25. 66   26. 17   27. 60   28. 22

29. 31   30. 40   31. 80   32. 44   33. 67   34. 39   35. 28

36. 42   37. 59   38. 62   39. 96   40. 68   41. 10   42. 18

43. 40   44. 97   45. 39   46. 29   47. 99   48. 64   49. 20

50. 50   51. 60   52. 44   53. 82   54. 93   55. 88   56. 92

57. 52   58. 49   59. 58   60. 62   61. 73   62. 70   63. 88

64. 47   65. 82   66. 56   67. 41   68. 90   69. 14   70. 57

71. 38   72. 45   73. 85   74. 64   75. 65   76. 25   77. 51

78. 94   79. 26   80. 32   81. 28   82. 55   83. 33   84. 48

85. 16   86. 23   87. 76   88. 21   89. 30   90. 66   91. 46

92. 15   93. 42   94. 24   95. 77   96. 61   97. 95   98. 27

99. 36   100. 84

Page 11: Multiplication: 3 x 1

1. 840   2. 448   3. 846   4. 288   5. 936   6. 848

7. 693   8. 880   9. 206   10. 802   11. 266   12. 804

13. 505   14. 500   15. 906   16. 408   17. 736   18. 630

19. 669   20. 903   21. 642   22. 808   23. 333   24. 699

25. 690   26. 248   27. 444   28. 888   29. 800   30. 960

31. 399   32. 402   33. 366   34. 866   35. 890   36. 620

37. 909   38. 804   39. 963   40. 880   41. 602   42. 306

43. 966   44. 488   45. 336   46. 422   47. 363   48. 400

49. 555   50. 440   51. 158   52. 534   53. 604   54. 244

55. 882   56. 640   57. 220   58. 997   59. 666   60. 688

61. 606   62. 868   63. 603   64. 606   65. 390   66. 246

67. 222   68. 408   69. 644   70. 471   71. 930   72. 782

73. 396   74. 444   75. 369   76. 393   77. 309   78. 215

79. 828   80. 820   81. 472   82. 666   83. 345   84. 440

85. 264   86. 919   87. 663   88. 363   89. 664   90. 884

91. 999   92. 486   93. 682   94. 609   95. 900   96. 660

97. 996   98. 480   99. 939   100. 404

Page 16: Multiplication: 4 x 1

1. 4,268   2. 8,844   3. 9,660   4. 6,886   5. 8,488

6. 8,044   7. 4,088   8. 9,399   9. 6,369   10. 6,606

11. 8,486   12. 4,684   13. 2,464   14. 6,048   15. 3,336

16. 4,802   17. 8,040   18. 8,604   19. 8,008   20. 2,462

21. 8,197   22. 2,474   23. 2,828   24. 3,963   25. 9,366

26. 8,840   27. 5,550   28. 4,644   29. 6,306   30. 8,044

31. 6,003   32. 6,036   33. 8,660   34. 8,408   35. 8,484

36. 3,969   37. 4,040   38. 5,555   39. 8,448   40. 8,848

41. 4,884   42. 7,610   43. 8,064   44. 4,248   45. 2,208

46. 8,680   47. 9,006   48. 4,400   49. 2,008   50. 2,686

51. 3,003   52. 8,404   53. 4,440   54. 4,480   55. 6,399

56. 3,699	57. 3,339	58. 6,808	59. 3,666	60. 9,960
61. 8,884	62. 2,624	63. 3,866	64. 6,090	65. 6,002
66. 2,688	67. 6,468	68. 4,880	69. 6,309	70. 9,336
71. 6,688	72. 9,900	73. 4,866	74. 4,404	75. 7,891
76. 9,699	77. 4,444	78. 3,366	79. 2,602	80. 4,408
81. 6,330	82. 7,930	83. 8,400	84. 3,633	85. 8,480
86. 4,468	87. 3,063	88. 8,828	89. 2,022	90. 8,080
91. 4,808	92. 6,006	93. 6,066	94. 9,523	95. 4,200
96. 9,633	97. 8,621	98. 2,060	99. 8,000	100. 3,609
101. 8,048	102. 6,303	103. 4,004	104. 4,048	105. 8,440
106. 3,693	107. 9,309	108. 5,050	109. 6,363	110. 3,639
111. 8,242	112. 6,336	113. 6,996	114. 9,690	115. 9,609
116. 6,039	117. 5,055	118. 6,699	119. 6,630	120. 6,646
121. 6,222	122. 3,066	123. 9,360	124. 9,033	125. 4,486
126. 3,099	127. 6,826	128. 5,500	129. 4,060	130. 9,390
131. 3,630	132. 2,062	133. 6,444	134. 2,604	135. 9,696
136. 4,688	137. 6,648	138. 9,906	139. 8,084	140. 9,330
141. 9,949	142. 2,808	143. 4,840	144. 3,090	145. 2,646
146. 6,424	147. 4,862	148. 6,684	149. 4,620	150. 6,300
151. 4,466	152. 6,000	153. 9,693	154. 6,969	155. 4,220
156. 4,800	157. 8,006	158. 9,396	159. 6,206	160. 8,804

161. 8,880	162. 3,393	163. 2,480	164. 9,669	165. 3,367
166. 8,286	167. 8,086	168. 3,300	169. 9,030	170. 4,888
171. 8,600	172. 3,060	173. 6,990	174. 2,484	175. 6,633
176. 3,096	177. 4,128	178. 4,002	179. 6,966	180. 2,046
181. 5,505	182. 6,084	183. 6,669	184. 8,088	185. 4,846
186. 6,680	187. 4,826	188. 2,248	189. 6,099	190. 4,480
191. 5,517	192. 2,587	193. 3,000	194. 8,444	195. 8,484
196. 3,636	197. 9,009	198. 4,880	199. 8,620	200. 4,640

Page 26: Double Digit Multiplication

1. 2,288	2. 4,042	3. 1,950	4. 1,400	5. 495
6. 2,700	7. 2,916	8. 3,536	9. 5,590	10. 8,439
11. 4,752	12. 882	13. 1,800	14. 3,520	15. 7,680
16. 1,073	17. 6,461	18. 672	19. 3,828	20. 1,092
21. 3,408	22. 6,560	23. 2,254	24. 2,628	25. 3,096
26. 4,266	27. 168	28. 572	29. 846	30. 1,008
31. 8,811	32. 1,140	33. 2,548	34. 868	35. 750
36. 3,234	37. 2,343	38. 1,593	39. 2,590	40. 1,316
41. 350	42. 280	43. 1,764	44. 2,345	45. 5,984
46. 3,840	47. 4,845	48. 1,728	49. 2,666	50. 3,008
51. 3,285	52. 1,056	53. 3,465	54. 2,296	55. 4,590
56. 5,840	57. 731	58. 5,920	59. 2,660	60. 7,068

61. 3,358   62. 5,913   63. 2,664   64. 1,725   65. 924

66. 1,494   67. 4,752   68. 2,360   69. 7,371   70. 4,480

71. 8,648   72. 276   73. 5,546   74. 4,914   75. 4,636

76. 1,300   77. 5,916   78. 7,154   79. 520   80. 2,109

81. 3,360   82. 4,085   83. 780   84. 1,463   85. 2,800

86. 1,968   87. 1,633   88. 6,552   89. 2,150   90. 3,168

91. 8,036   92. 4,624   93. 4,116   94. 5,460   95. 1,911

96. 986   97. 1,056   98. 7,742   99. 390   100. 4,300

101. 1,152   102. 2,964   103. 2,860   104. 1,235   105. 2,925

106. 2,730   107. 6,208   108. 1,863   109. 3,182   110. 858

111. 8,075   112. 903   113. 4,628   114. 5,328   115. 4,108

116. 4,047   117. 6,290   118. 1,584   119. 585   120. 2,418

121. 7,695   122. 924   123. 7,553   124. 3,200   125. 3,400

126. 990   127. 621   128. 385   129. 1,144   130. 4,851

131. 3,200   132. 825   133. 1,273   134. 5,226   135. 1,615

136. 810   137. 832   138. 4,488   139. 440   140. 5,760

141. 2,958   142. 3,813   143. 658   144. 2,552   145. 7,224

146. 3,920   147. 2,340   148. 1,173   149. 4,880   150. 3,182

151. 2,940   152. 1,984   153. 5,460   154. 4,500   155. 1,650

156. 384   157. 4,284   158. 1,232   159. 3,038   160. 5,355

161. 1,406   162. 9,212   163. 2,914   164. 540   165. 1,881

166. 1,080   167. 6,468   168. 936   169. 1,380   170. 1,976

171. 3,392   172. 5,822   173. 3,600   174. 4,080   175. 3,127

176. 5,846   177. 286   178. 5,850   179. 2,788   180. 1,250

181. 6,075   182. 3,724   183. 1,501   184. 7,482   185. 304

186. 2,940   187. 1,188   188. 792   189. 976   190. 4,888

191. 3,248   192. 8,245   193. 4,648   194. 308   195. 4,284

196. 1,464   197. 1,224   198. 1,340   199. 1,978   200. 6,460

Page 36: Basic Division: 1 to 10

1. 2   2. 4   3. 6   4. 7   5. 5   6. 4   7. 7   8. 7   9. 2

10. 2   11. 6   12. 4   13. 3   14. 5   15. 1   16. 6   17. 6   18. 7

19. 4   20. 9   21. 3   22. 8   23. 2   24. 9   25. 1   26. 3   27. 2

28. 3   29. 4   30. 9   31. 1   32. 6   33. 8   34. 4   35. 1   36. 6

37. 2   38. 7   39. 8   40. 9   41. 3   42. 8   43. 5   44. 1   45. 9

46. 10   47. 6   48. 5   49. 7   50. 9   51. 6   52. 9   53. 5   54. 10

55. 2   56. 8   57. 7   58. 7   59. 5   60. 9   61. 3   62. 7   63. 5

64. 1   65. 1   66. 8   67. 2   68. 2   69. 10   70. 9   71. 9   72. 2

73. 5   74. 10   75. 1   76. 8   77. 6   78. 8   79. 4   80. 3   81. 5

82. 8   83. 3   84. 4   85. 10   86. 8   87. 10   88. 3   89. 1   90. 7

91. 10   92. 10   93. 6   94. 5   95. 4   96. 1

Page 42: Long Division

1. 52   2. 48   3. 84   4. 48   5. 93   6. 89   7. 34

8. 43   9. 17   10. 76   11. 22   12. 56   13. 46   14. 71

15. 41   16. 12   17. 82   18. 77   19. 30   20. 25   21. 69

22. 61   23. 91   24. 60   25. 53   26. 33   27. 82   28. 12

29. 25   30. 56   31. 33   32. 84   33. 63   34. 50   35. 56

36. 54   37. 29   38. 64   39. 53   40. 96   41. 57   42. 84

43. 32   44. 79   45. 84   46. 66   47. 87   48. 61   49. 17

50. 67   51. 88   52. 83   53. 46   54. 73   55. 90   56. 57

57. 62   58. 80   59. 37   60. 47   61. 51   62. 99   63. 45

64. 36   65. 59   66. 66   67. 45   68. 28   69. 89   70. 67

71. 54   72. 48   73. 46   74. 21   75. 16   76. 66   77. 23

78. 76   79. 13   80. 87   81. 16   82. 45   83. 40   84. 85

85. 71   86. 86   87. 83   88. 38   89. 77   90. 63   91. 32

92. 73   93. 24   94. 18   95. 76   96. 33   97. 64   98. 82

99. 78   100. 38   101. 82   102. 82   103. 59   104. 84   105. 66

106. 33   107. 53   108. 52   109. 43   110. 30   111. 49   112. 73

113. 48   114. 48   115. 17   116. 40   117. 92   118. 34   119. 90

120. 68   121. 79   122. 81   123. 77   124. 37   125. 88   126. 34

127. 55   128. 92   129. 10   130. 48   131. 44   132. 63   133. 77

134. 31   135. 28   136. 78   137. 14   138. 10   139. 38   140. 69

141. 66   142. 74   143. 44   144. 58   145. 38   146. 99   147. 36

148. 52   149. 12   150. 10   151. 66   152. 94   153. 49   154. 98

155. 72   156. 82

Page 50:   Matching the answers.

1. a.F b.D c.H d.J e.B f.C g.I h.E i.G j.A

2. a.J b.F c.H d.C e.B f.I g.A h.E i.G j.D

3. a.C b.B c.F d.E e.G f.J g.D h.A i.I j.H

4. a.C b.G c.A d.B e.F f.J g.I h.H i.E j.D

5. a.E b.A c.I d.H e.D f.B g.C h.J i.G j.F

6. a.J b.E c.C d.F e.H f.I g.A h.B i.D j.G

7. a.I b.A c.B d.D e.E f.H g.F h.J i.C j.G

8. a.J b.I c.F d.A e.G f.E g.H h.D i.C j.B

9. a.E b.D c.A d.C e.F f.B g.I h.J i.H j.G

10. a.H b.F c.A d.E e.B f.G g.J h.I i.D j.C